LA DÉPORTATION ET L'EXIL
DU CLERGÉ FRANÇAIS
PENDANT LA RÉVOLUTION

INTRODUCTION

Le 27 novembre 1790, l'Assemblée constituante décrétait que tous les prêtres qui, dans la huitaine, n'auraient pas prêté le serment prescrit par la Constitution civile du clergé, seraient déclarés déchus de leurs fonctions, remplacés suivant le mode prescrit par la Constitution civile, et, en cas de résistance à la loi, poursuivis comme perturbateurs de l'ordre public et dépouillés de leurs droits civiques.

Le 20 juin 1791, elle décidait que « les accusateurs publics étaient tenus, sous peine de forfaiture et de destitution, de poursuivre tous ceux des anciens fonctionnaires publics ecclésiastiques, qui, depuis leur remplacement entièrement consommé par l'installation de leurs successeurs, ou même par la notification à eux faite de la nomination des dits successeurs, auraient continué ou continueraient les mêmes fonctions publiques, et de requérir contre eux l'exécution du décret du 27 novembre 1790 ».

En vertu de ces deux décrets, on commença alors à interner les prêtres refractaires sur la plus grande partie du territoire, en particulier dans la Bretagne, dans le Poitou, dans les départements du Bas-Rhin, et de Seine-inférieure, du Nord, de la Mayenne, de la

Drôme, de l'Orne, des Pyrénées-Orientales, des Hautes-Alpes, de la Haute-Garonne et du Doubs.

Le 6 avril 1792, sur la proposition de Torné, l'Assemblée législative interdit le port du costume ecclésiastique, menaçant de la déportation tout prêtre qui, par deux fois, aurait contrevenu à cette défense.

Le 27 mai, elle condamnait à la déportation tous les ecclésiastiques insermentés, aussi bien ceux qui avaient rétracté le serment que ceux qui l'avaient refusé. De plus, la déportation pouvait être prononcée contre tout ecclésiastique dénoncé par vingt citoyens. Tout prêtre coupable d'avoir excité des troubles, c'est-à-dire d'avoir exercé son ministère en dehors des conditions prescrites par la Constitution civile, était également passible de la déportation. Vingt-quatre heures étaient accordées aux membres du clergé non constitutionnel pour sortir de leur district, déclarer en quel pays étranger ils voulaient se retirer, et se munir d'un passeport portant leur signalement. Un mois après la publication de ce décret, ils devaient être tous sortis du royaume. En cas d'infraction à ces dispositions, la gendarmerie était chargée de les arrêter et de les conduire, à leurs frais, de brigade en brigade jusqu'à la frontière. S'ils échappaient à la gendarmerie ou s'ils rentraient en France, ils encouraient la peine de dix ans de détention. Ces mesures de rigueur furent encore aggravées le 26 août.

Le 18 mars 1793, la Convention décrétait la peine de mort contre les prêtres qui, étant en état de déportation, seraient arrêtés sur le territoire de la République, et contre ceux qui se seraient compromis dans les troubles fomentés dans les départements à l'occasion du recrutement.

Le 21 et le 23 avril, elle renouvelait la peine de mort contre les ecclésiastiques expulsés qui rentreraient en France, et ordonnait leur exécution dans les vingt-quatre heures. Quant à ceux qui avaient refusé le serment prescrit par la loi du 15 août 1792, ils seraient embarqués et transférés sans délai à la Guyane française.

Le 17 septembre, après avoir assimilé aux émigrés

les prêtres expulsés, et les avoir frappés de mort civile, la Convention votait la loi des suspects, si facilement applicable aux ecclésiastiques. Elle était ainsi conçue :

Art. 1. Immédiatement après la publication du présent décret, tous les gens suspects qui se trouvent dans le territoire de la République et qui sont encore en liberté seront mis en état d'arrestation.

2. Sont réputés suspects : 1° Ceux qui, *soit par leur conduite, soit par leurs relations, soit par leurs propos ou leurs écrits*, se sont montrés *partisans de la tyrannie* ou du fédéralisme et *ennemis de la liberté.* — 2° Ceux qui ne pourront pas justifier, de la manière prescrite par le décret du 21 mars dernier, de leurs moyens d'exister et de l'acquit de leurs devoirs civiques. — 3° *Ceux à qui il a été refusé des certificats de civisme.* — 4° *les fonctionnaires publics suspendus ou destitués de leurs fonctions par la Convention nationale ou par ses commissaires*, et non réintégrés, notamment ceux qui ont été ou doivent être destitués en vertu du décret du 14 août dernier. — 5° Ceux des ci-devant nobles, ensemble les maris, femmes, pères, mères, fils ou filles, frères ou sœurs et *agents d'émigrés qui n'ont pas constamment manifesté leur attachement à la révolution.* — 6° *Ceux qui ont émigré dans l'intervalle du 1er juillet 1789 à la publication du décret du 30 mars (8 avril) 1792*, quoiqu'ils soient rentrés en France dans le délai fixé par ce décret ou précédemment. »

Enfin le 20 et le 21 octobre, elle promulguait le décret suivant : « Sont déclarés sujets à la déportation et seront jugés et punis comme tels les évêques, les ci-devant archevêques, les curés conservés en fonctions, les vicaires de ces évêques, les supérieurs et directeurs de séminaires, les vicaires des curés, les professeurs de séminaires et de collèges, les instituteurs publics et les prédicateurs dans quelque église que ce soit, qui n'auront pas prêté le serment prescrit par l'art. 39 du décret du 24 juillet 1790 et par l'art. 2 de la loi du 27 novembre de la même année ; ou qui l'ont rétracté, quand bien même ils l'auraient prêté depuis leur rétractation ; et de plus, tous les ecclésiastiques, séculiers ou réguliers, frères convers ou laïques, qui n'ont pas satisfait aux décrets du 18 août 1792 et 21 avril dernier, ou qui ont rétracté leur serment ; et enfin tous ceux qui ont été dénoncés pour cause d'incivisme, lorsque la dénonciation aura été jugée valable, conformément à la loi dudit jour 21 avril ». L'accusation d'incivisme était déclarée valable pourvu qu'elle fût signée par six citoyens du canton. Chaque citoyen était tenu de dénoncer tout ecclésiastique qu'il saurait être dans le cas de déportation ; il devait l'arrêter lui-même ou le faire arrêter ; cent livres de récompense lui étaient allouées pour cette besogne. Si, au contraire, il recélait un prêtre sujet à la déportation, il se rendait passible de la même peine. Enfin, comme nous l'avons dit, les ecclésiastiques exilés étant assimilés aux émigrés, leurs biens étaient confisqués, et, s'ils étaient surpris sur le territoire de la République, ils devaient être, dans les vingt-quatre heures, condamnés et mis à mort.

Tels furent les principaux décrets qui motivèrent l'arrestation, la déportation et l'exil d'environ 50.000 prêtres français. On vit alors, spectacle unique dans les annales de l'histoire, le clergé d'une grande nation, à qui cette nation était redevable non seulement de la foi, mais encore de la civilisation et des institutions qui avaient fait d'elle le premier peuple de l'univers, arrêté, déporté ou banni pour avoir refusé de prêter un serment contraire à sa conscience, spectacle admirable et dont on peut dire que, s'il n'avait pas été donné au monde de le contempler, il manquerait quelque chose à la gloire de la religion chrétienne ! Beaucoup payèrent de leur sang leur fidélité à Dieu ; les autres, traités comme des parias, traqués comme des bêtes malfaisantes, supportèrent avec une héroïque fermeté les plus dures épreuves, et, par leur patience et leur résignation, lassèrent la rage diabolique de leurs ennemis.

S'il y eut des défections, il n'importe, puisqu'elles furent le petit nombre ; et encore beaucoup de ceux qui, cédant par faiblesse ou par ambition, ou trompés par leur entourage, prêtèrent le funeste serment, se rétractèrent pour partager le sort malheureux de leurs confrères : « La misère, dit l'un d'eux, m'avait déterminé à prêter le serment ; mais, quoiqu'on m'ait nommé à deux cures, j'aime mieux mendier mon pain que d'en accepter aucune ».

Pour l'honneur de l'épiscopat français, il faut ajouter que les évêques se montrèrent à la hauteur de leur sainte mission ; ils furent les dignes chefs de cette armée de héros ; et, avec eux, ils portèrent leurs têtes sur l'échafaud ou subirent avec courage les douleurs de l'exil et de la déportation.

Ce fut à la fin de l'année 1791, que l'on commença à arrêter les prêtres pour les diriger vers les villes où ils devaient être internés. On les arrêta d'abord individuellement, puis plus tard collectivement, sous des inculpations vagues, dont le texte ne leur était même pas communiqué, et contre lesquelles ils n'avaient aucun moyen de défense, telles que fanatisme, hostilité à la république, complot contre la tranquillité des citoyens, etc., etc... Après les lois de mai 1792, le clergé prit en masse les routes de l'exil ; mais tous n'arrivèrent pas à destination, et ceux que leur déguisement ne parvint pas à sauver furent égorgés ou emprisonnés. Plus d'une fois on fusilla des prêtres sans aucune espèce de jugement, simplement pour n'avoir pas la peine de les conduire devant le tribunal qui devait les condamner ; et la plupart de ceux qui furent incarcérés ignorèrent sous quel prétexte on les avait privés de leur liberté. Les autres durent courir mille dangers et surmonter mille difficultés pour gagner la frontière. Les plus courageux restèrent à leur poste et continuèrent jusqu'à la mort l'exercice de leur ministère ; il en est qui traversèrent ainsi toute la période révolutionnaire, dormant le jour, et employant la nuit à célébrer les saints mystères et à administrer les sacrements, changeant sans cesse de domicile et de costume, déjouant, avec la grâce de Dieu et le dévouement des chrétiens dont ils entretenaient la foi et l'espérance, toutes les ruses des ennemis acharnés à leur perte.

Les massacres de Septembre, tant à Paris qu'en province, manifestèrent toute la fureur des révolutionnaires, et la férocité de la haine dont ils étaient animés contre la religion et le clergé catholique ; ils purent croire alors que c'en était fait de l'Eglise de France, et qu'après avoir assassiné, emprisonné ou exilé tous ses ministres, ils avaient détruit jusqu'à l'espoir de la voir jamais renaître. Ils avaient compté sans les mérites et les prières de leurs victimes ; les morts avaient offert leur vie pour le salut de leur patrie et la restauration du culte; les exilés, par les rares exemples de patience, d'humilité, d'abnégation, de foi, qu'ils allaient donner à toutes les nations de l'Europe ; et les déportés, par leur résignation surhumaine,par leur admirable courage à supporter les plus mauvais traitements, les plus pénibles privations, les plus extrêmes souffrances, devaient augmenter et compléter ce trésor de satisfactions, fléchir la Providence, et obtenir d'elle, en moins de dix ans, la défaite des persécuteurs et le triomphe de la cause chrétienne. En un mot, la sainteté du clergé guillotiné, exilé, déporté, devait faire avorter le plan conçu par la franc-maçonnerie sous l'inspiration de l'enfer, sauver et restaurer la religion catholique dans notre pays.

CHAPITRE PREMIER

LA PREMIÈRE DÉPORTATION (1793-1796)

Rochefort — L'île Madame. — L'île d'Aix. — Le Port-des-Barques. — Saintes. — Bordeaux. — Blaye. — Brouage.

Les prêtres, arrêtés en 1791 et surtout en 1792, furent d'abord enfermés dans les prisons, d'où, après avoir subi une dure détention, ils furent dirigés vers les villes maritimes en vertu de la loi du 23 avril 1793. Quatre ports avaient été désignés pour leur embarquement : Lorient, Nantes, Bordeaux et Rochefort. Ce fut donc dans ces quatre villes, mais surtout à Rochefort et à Bordeaux, qu'ils furent amenés, ceux du Midi et du Centre à Bordeaux, ceux du Nord, de l'Ouest et de l'Est à Rochefort.

Ce voyage, qui dura parfois longtemps, fut un véritable supplice. Dans les villes et jusque dans les moindres bourgades, les agents de la révolution travaillaient les populations et excitaient leur colère contre les prêtres détenus ; on les représentait comme les affameurs du peuple et les suppôts de l'étranger, espions et traîtres au service de l'ennemi. Partout ils étaient accueillis par des huées, des injures, des menaces, des coups. Chaque jour se renouvelaient ces scènes de désordre et d'émeute. Enchaînés deux à deux et même sept à sept, exposés sur des chariots à la risée de la populace, escortés par la gendarmerie, les prêtres traversèrent une grande partie de la France, battus, insultés, volés, n'opposant à la brutalité et à la haine que la résignation et la prière. Ils s'exhortaient mutuellement au courage, offraient à Dieu leurs épreuves et leur vie même, se confessaient les uns aux autres, et quand l'un d'eux avaient succombé aux fatigues et aux mauvais traitements, ils récitaient pour lui le *De profundis* et l'Office des morts. Les villes de Toul, Troyes. Villeneuve-sur-Yonne, Sens, Courtenay, Fontainebleau, Montargis, Pithiviers, Bellegarde, Orléans, Blois, Tours, Sainte-Maure, Poitiers, Niort, Grenoble, La Rochefoucauld, Cognac, Angoulême se signalèrent par la cruauté et le cynisme de leurs habitants, et par les malversations qu'ils exercèrent sur des prisonniers incapables de se défendre et épuisés par les insomnies et les privations de tout genre. Un prêtre de Mâcon raconte qu'il fut transporté de cette ville à Autun, où il éprouva, dans sa prisón, « tout ce que la rage peut inspirer à des loups contre des agneaux ». Quatre mois plus tard, il fut ramené à Mâcon, et, cinq semaines après, dirigé de Mâcon sur Rochefort : « Restant au nombre effectif de vingt-deux, dit-il, nous nous vîmes presque aussitôt mettre au cou des chaînes, avec lesquelles on nous lia deux à deux, et si près l'un de l'autre qu'il n'y avait pas, entre nous, la longueur d'un pied et demi de chaîne. Quand nous fûmes ainsi garrottés, on nous fit traverser la ville en plein jour, et nous nous acheminâmes du côté de Rochefort. Cependant, quand nous sortîmes des limites du département de Saône-et-Loire, les fers nous furent ôtés ; mais notre condition n'en devint guère meilleure. Nous voyagions sur de biens cruelles charrettes, à travers des avanies sans cesse renaissantes ; et nos haltes, sur toute la route, ne se firent qu'en d'épouvantables cachots. »

A Limoges, une immense multitude vint au-devant d'un convoi de déportés, escortant un troupeau d'ânes et de boucs revêtus d'habits sacerdotaux ; un pourceau fermait la marche, paré des ornements pontificaux. On força les prisonniers à descendre des charrettes, et on les fit marcher en rang, deux à deux avec ces animaux. Le cortège se dirigea vers la place publique, au milieu de laquelle se dressait la guillotine. Séance tenante, un prêtre fut exécuté à la vue de tous ses confrères ; et, aussitôt après l'exécution, le bourreau, saisissant la tête qu'il venait d'abattre et la montrant au peuple, s'écria : « Les scélérats que vous voyez ici méritent d'être traités comme celui que je viens d'exécuter. Par lequel voulez-vous que je commence ? » Le peuple répondit : « Par celui que tu voudras. » Après que l'on eût ainsi effrayé les déportés, on les jeta en prison pour la nuit ; et, le lendemain, ils continuèrent leur voyage. C'étaient là de belles fêtes révolutionnaires !

Par contre, on assista quelquefois au spectacle touchant de particuliers prenant en pitié les confesseurs de la foi, soulageant leur misère, leur prodiguant les témoignages d'affection et de respect ; on vit même la foule, ameutée contre les gendarmes, réclamer la délivrance des ministres de la religion ; et, pour calmer l'effervescence populaire, il ne fallut rien moins que l'intervention des prisonniers eux-mêmes, qui supplièrent leurs zélés défenseurs de les laisser accomplir la volonté de Dieu et souffrir pour attirer sur la patrie la miséricorde céleste.

Les prisonniers du Nord et de l'Est de la France furent conduits directement à Rochefort. En d'autres régions, ils furent centralisés dans des villes importantes, où beaucoup trouvèrent la mort avant d'avoir pu être dirigés sur le lieu de la déportation. Des trois cents prêtres incarcérés à Angers, les uns furent amenés à Nantes où, comme nous allons le dire, Carrier les fit noyer, à l'exception de quinze ; les autres furent exécutés par ordre des deux commissions militaires qui siégeaient à Angers et à Saumur. A Laval, plus de quatre cents prêtres avaient été enfermés dans les anciens couvents des Cordeliers et des Capucins, où ils ne trouvèrent même pas de paille pour se coucher. La plupart purent profiter des décrets du 27 mai et du 26 août ; ils demandèrent leurs passeports et partirent en exil ; quatorze, qui étaient restés dans le couvent des Cordeliers, parce qu'ils étaient sexagénaires ou infirmes, furent guillotinés le 21 janvier 1794, pour fêter l'anniversaire de la mort de Louis XVI.

La plus grande partie des prêtres détenus à Nantes furent noyés par Carrier. Le première noyade, qui fut exécutée dans la nuit du 15 au 16 novembre, comprenait 90 ou 96 prêtres ; la seconde, qui eut lieu dans la nuit du 9 au 10 décembre, en comptait 74. On connaît le procédé expéditif de Carrier : il faisait transporter les prisonniers sur des navires à soupapes préparés par son ordre ; on leur enlevait leurs vêtements ; on les enchaînait par le pied, quatre à quatre, ou bien on leur liait les mains derrière le dos ; on les précipitait à fond de cale ; puis les bourreaux, montés sur des barques, ouvraient les soupapes, et les bâtiments coulaient en quelques instants. Il arriva que, le désespoir décuplant les forces de ces infortunés, plusieurs rompirent leurs entraves ; ils s'écriaient : « Sauvez-nous, il en est temps encore ! » ou ils passaient leurs mains entre les planches en criant : « Miséricorde ! » Mais les sbires de Carrier abattaient, avec leurs sabres, les bras de ces victimes. On lit dans le procès de ce monstre que quelques-uns, s'élançant à l'eau, s'accrochaient aux barques où se trouvaient les exécuteurs ; mais on leur coupait les poignets, et, à coups de rames et de crocs, on assommait ceux qui paraissaient assez forts pour échapper à la mort en nageant. C'est ce que Carrier appelait « exécuter verticalement les décrets de la Convention ».

Le temps lui manqua pour faire périr tous les prêtres incarcérés à Nantes ; c'est ainsi qu'il en survécut 61 du département de la Nièvre, 15 d'Angers, 7 de la Savoie ; mais la mort eût été moins cruelle que les souffrances qu'ils supportèrent ensuite. On les transporta pour la plupart sur une galiote, où on les laissa sans nourriture : « Il y avait déjà huit jours que nous étions sans pain, écrit l'un deux, l'abbé Moreau, curé de Château-Chinon, lorsque le gardien du bâtiment nous envoya un morceau de viande qui nous était envoyé comme par aumône. Il fut partagé en soixante-douze parts, et dévoré d'une seule bouchée, en y joignant des miettes de pain desséchées que nous avions pu ramasser dans le fond de nos poches. Deux vieillards ayant découvert, parmi les cordages, quelques croûtes moisies, les amollirent dans un peu d'eau ; le neuvième jour où l'on ne nous avait pas encore donné de pain, ils les mangèrent, et cet aliment empoisonné les fit périr dans les plus violentes douleurs. Nous ne sommes plus que des squelettes ; nous n'avons pour boire que de l'eau de la Loire, qui est si infecte et si dégoûtante par la multitude des personnes noyées, que la police a défendu aux habitants de Nantes de s'en abreuver. » L'inépuisable charité des Nantais, qui s'exposaient aux plus grands dangers pour soulager ces malheureux, ne put empêcher les maladies de se développer parmi eux, et il en mourut plus de quarante-cinq en un mois. Ils rendirent le dernier soupir avec résignation et même avec satisfaction, remerciant Dieu de la grâce qu'il leur avait faite en leur permettant de souffrir pour lui. Au mois d'avril 1794, on évacua une partie des survivants sur Saint-Nazaire, puis sur Brest, et les autres sur Lorient et de là sur Rochefort.

La persécution s'était aussi abattue sur la Belgique dès l'année 1793 ; 12.500 religieux furent chassés de leurs cloîtres, et laissés sans ressources et sans moyens de subsistance. Tout le clergé séculier, évêques, curés, vicaires, dut prendre la fuite ; ceux qui furent mis en état d'arrestation furent conduits à Rochefort où ils allèrent grossir le nombre des déportés qui y arrivaient de tous les points du territoire. Il est difficile de déterminer exactement le nombre des prêtres qui furent internés dans cette ville ; M. l'abbé Manseau a relevé les noms de 875 d'entre eux. Rochefort devint ainsi, après Bordeaux, le principal centre de la déportation.

Les prisons de la cité n'avaient pas tardé à être trop étroites pour contenir la foule des déportés qu'on y amenait chaque jour. Comme il n'était pas possible, à cause de la flotte anglaise qui tenait la mer, d'exécuter la loi du 23 avril 1793 et de les transporter en Amérique, on les entassa d'abord dans l'ancien couvent des Capucins et dans la maison des religieuses de Paris ; puis sur le *Bonhomme-Richard* et sur le *Borée*, vieux bâtiments dont l'un servait d'hôpital aux soldats atteints de la gale ; et enfin sur les *Deux-associés* et sur le *Washington*, navires qui avaient été employés autrefois à faire la traite des noirs. C'est là qu'ils eurent à supporter, pendant près de deux ans, les horribles souffrances dont on voudrait pouvoir épargner le récit au lecteur.

Dès que les déportés furent arrivés dans les prisons ou sur les vaisseaux qui leur étaient destinés, leurs bourreaux procédèrent à des fouilles minutieuses et les dépouillèrent de tout ce qui pouvait tenter leur rapacité : or, argent, billon, boutons de manchettes, tabatières, bagues, boucles en argent, couverts, couteaux, ciseaux, canifs, rasoirs, cachets, montres en or, en argent, en cuivre, boîtes à saintes huiles, livres et bréviaires, chaussures, gants, brosses, linge et effets de tous genres. Ces fouilles furent renouvelées quatre et cinq fois, et toujours exécutées avec une brutalité et un cynisme qui ne respectaient même pas la plus élémentaire pudeur ; les propos les plus grossiers, les insultes, les blasphèmes et les menaces de mort en étaient l'ordinaire accompagnement. On ne laissa aux détenus que les vêtements dont ils étaient couverts, et encore, plus d'une fois, on réussit à leur en dérober une partie. Il arriva naturellement qu'au bout de quelques mois ces habits furent si malpropres, si pourris et si infectés de vermine qu'on ne pouvait les toucher sans qu'ils tombassent en lambeaux. C'est dans cet état que les déportés passèrent l'hiver de 1794, sans feu et presque sans nourriture et sans vêtements. Quand un de leurs confrères venait à mourir, les autres ne pouvaient même pas s'approprier ses haillons ; ils étaient aussitôt confisqués par l'administration, et la plupart des morts furent enterrés complètement nus.

On leur assigna, comme quartiers, la cale et l'entrepont pendant la nuit, et le pont pendant le jour. On les entassa, au nombre de trois et quatre cents, dans un espace qui pouvait en recevoir commodément quarante ou cinquante. Sur le pont, où ils demeuraient douze heures, de sept heures du matin à sept heures du soir, ils étaient obligés de se tenir debout, sans pouvoir se promener, se reposer ou s'asseoir. Dans l'entrepont et dans la cale, où ils passaient les douze heures de nuit, leur situation était plus lamentable encore : sans lumière et sans feu, ils devaient s'étendre sur le plancher, et si serrés les uns contre les autres qu'ils ne pouvaient se retourner ni faire un mouvement. On les obligea même à se coucher sur le côté, pour qu'on pût en mettre un plus grand nombre. Voici un fait, raconté par l'un de ces martyrs (1), et qui donnera une idée du supplice qui leur était imposé :

« Les infirmiers avaient déplacé un de nos confrères, atteint d'une violente fièvre chaude, et qui gênait extrêmement ses voisins. Au milieu de la nuit, il se lève et vient, par je ne sais quelle sorte d'instinct, reprendre son ancienne place ; mais cette place était occupée, car il n'y en avait jamais de vacante, et celui qui l'occupait était moribond. N'importe ; il s'étend sur lui, et, le lendemain, au jour, la fièvre ayant considérablement baissé, on le trouva dormant profondément sur un cadavre, et, de plus, ayant la face tournée, bouche à bouche, contre celle d'un autre confrère qui était dans les dernières angoisses de la mort. »

L'air de ces réduits était si empesté qu'un chirurgien de Rochefort, commis pour visiter les détenus, déclara que si l'on eût mis un chien dans ce cachot, dès le lendemain on l'eût trouvé mort ou enragé. Chaque matin, avant que les prisonniers eussent été autorisés à monter sur le pont, sous prétexte d'assainir ces infects dortoirs, on y descendait un baril plein de goudron, dans lequel on jetait deux ou trois boulets rougis au feu ; il se produisait aussitôt une fumée épaisse et âcre qu'il fallait respirer, dût-on cracher le sang, dût-on rendre l'âme au milieu des

(1) Il s'agit de l'abbé de Labiche de Reignefort, official de Limoges, qui a laissé un récit émouvant de sa captivité. Il a pris soin de nous avertir qu'il n'assombrirait pas le tableau : « Je n'exagérerai rien, dit-il ; je m'en ferais un crime ; je ne dirai même pas tout. » Il était déporté, avec quatre cents de ses confrères, sur les *Deux-Associés*.

efforts et des espèces de convulsions qu'elle occasionnait.

Cette opération terminée, chacun se dirigeait en hâte, autant que ses forces le lui permettaient, vers l'écoutille par laquelle on pénétrait sur le pont, et il était enfin possible de respirer un air plus pur ; mais ce brusque changement de température amena aussi des maladies dont beaucoup furent mortelles. Dès que les prisonniers étaient massés sur le pont, l'équipage entonnait la *Marseillaise*, la *Carmagnole*, et criait : « *Vive la République ! Vive Robespierre ! Vive la Montagne* ! » C'était là prière du matin prescrite par la révolution. Cependant les prêtres se recueillaient et offraient mentalement à Dieu, avec leurs adorations, l'hommage de leur journée et de leurs souffrances, n'osant se mettre à genoux ni remuer les lèvres, de peur d'exciter les blasphèmes des matelots.

Après le déjeuner, les déportés s'occupaient à raccommoder leurs vêtements, autant que faire se pouvait, à laver leur linge avec de l'eau de mer, à nettoyer l'entrepont, à balayer le pont, le râcler, en gratter et regratter les planches, jusqu'à ce qu'il plût aux matelots qui présidaient à ce pénible exercice, d'y mettre fin et de se déclarer satisfaits. Il fallait ensuite aider à la manœuvre, tirer au cabestan, emmagasiner les vivres et hisser des tonneaux d'eau douce, vider les lourds baquets qui contenaient toutes les ordures de la nuit, et descendre à terre, sous bonne garde, pour transporter et inhumer les nombreux cadavres des confrères.

D'autres soins de propreté réclamaient aussi une grande partie de leur temps : « On n'a pas l'idée, dit l'abbé de Labiche, de l'inconcevable quantité de poux qui nous dévoraient le jour et la nuit. Plusieurs de nous périrent sans qu'on pût assigner d'autre cause de leur mort que celle-ci, soit que ces insectes, qu'ils ne purent réussir à extirper, pompassent la partie la plus pure de leur sang (et, en effet, on les voyait pâles et exténués comme des hommes à qui on aurait fait coup sur coup d'abondantes saignées), soit que, pour apaiser les intolérables démangeaisons qu'ils leur causaient, ils se déchirassent le corps au point d'y occasionner des plaies qui, dans la suite, devinrent mortelles... Je ne saurais dire combien de temps nous donnions, par jour, à ce noble exercice de tuer des poux. Tout ce que je puis affirmer, en mon particulier, c'est que, pendant le séjour que je fis à l'hôpital de mer durant ma convalescence, je demeurais sur le pont la plus grande partie de la journée, uniquement occupé à débarrasser mes vêtements de cette odieuse vermine... Mais s'il m'arrivait parfois de redescendre auprès de cette foule de Lazares expirants qui étaient au fond de la chaloupe, pour confesser l'un, animer l'autre, faire la recommandation de l'âme à celui-ci, fermer les yeux à celui-là, je remontais couvert de plus de poux qu'auparavant...

« Enfin, continue-t-il, que dirai-je de plus ? Quelques femmes charitables de Saintes, qui, lors de notrè arrivée dans cette bienfaisante cité, eurent le courage de lessiver gratuitement notre linge, comparaient la vermine qui resta au fond du cuvier, après la première opération faite, au riz, qui s'amoncelle au fond du vase où on le lave, avant de le faire crever. Ces détails, je l'avoue, sont repoussants au suprême degré ; mais il faut bien que le lecteur ait le courage d'apprendre ce que les confesseurs de la foi, aidés de la grâce, ont eu le courage de supporter... Je le demande maintenant : le saint homme Job pouvait-il s'écrier, avec plus de raison que nous : J'ai dit à la pourriture : Vous êtes mon père ; et aux vers : vous êtes ma mère et mes sœurs : *Putredini dixi : Pater meus es ; mater mea et soror mea, vermibus !* ».

Il était défendu aux gens de l'équipage et aux officiers et soldats d'avoir aucune communication avec les déportés, et encore plus de leur rendre des services ou de leur procurer, de quelque manière que ce fût, du pain ou d'autres vivres. La surveillance la plus rigoureuse était exercée contre les prisonniers ; le moindre mot, le propos le plus innocent était relevé, dénaturé, empoisonné ; le fouet et les fers étaient les punitions les plus ordinaires; on les infligeait pour des minuties. Un prêtre fut condamné à huit jours de fers pour avoir dit à un jeune pilotin, qui venait à l'hôpital réclamer le sac d'un autre prêtre décédé depuis une heure, qu'il était *plus prompt à venir chercher les effets des morts qu'à porter des remèdes aux malades*; un autre fut condamné à trois semaines de la même peine pour avoir inséré, dans une lettre à ses parents, un passage des psaumes. Un chanoine de Limoges, Antoine Roulhac, fut condamné à mort et fusillé en présence de ses confrères, pour avoir dit à l'un d'eux, en parlant de l'équipage et des soldats : « Ils ont tort de nous craindre; nous sommes ici quatre cents; si nous voulions leur faire du mal, il n'en faudrait pas tant; cent comme vous et moi suffiraient. » On ne lui permit même pas de présenter sa défense ni de recevoir une dernière absolution; il mourut en pardonnant à ses bourreaux, en protestant de son innocence, et en demandant à ses confrères d'oublier la mauvaise édification qu'il pouvait leur avoir donnée.

La nourriture des déportés était souvent répugnante et toujours insuffisante : « Nous enragions de faim, dit l'un d'eux; nous maigrissions et dépérissions à vue d'œil. » D'abord on ne leur servit que du biscuit et des salaisons, porc salé et morue, et encore le biscuit était-il pourri et plein de vers. L'eau douce était rare, et, sur le *Washington*, on fut trois semaines sans pouvoir s'en procurer une goutte. Plus tard, les repas furent un peu plus variés; tous les soirs et souvent à midi, on servait un plat de gourganes ou fèves des marais; l'eau, où avaient bouilli les gourganes, devenait une soupe, à la surface de laquelle surnageait une couche de charançons, épaisse d'un ou deux centimètres. Quand il y avait de la viande, l'équipage et les soldats s'attribuaient tous les bons morceaux et ne laissaient aux prêtres que la rate, les mâchoires et les os. Le pain était si mauvais, qu'on défendit d'en donner aux porcs qu'on nourissait à bord.

Les détenus étaient partagés en sections de dix.

Chaque chef de section devait aller à la cambuse chercher la pitance commune ; il fallait la manger toujours debout, au grand air, quelque temps qu'il fît, et à l'endroit même où l'on venait d'épouiller ses habits et de panser ses plaies. « J'ai vu de mes propres yeux, dit un de ces martyrs, un de mes confrères demander avec instance quelques morceaux de pain, restes méprisés de la table du capitaine, qu'on se disposait à donner aux pourceaux, Sur le refus du mousse qui les portait, je l'ai vu, sitôt que cet enfant eût disparu, les retirer précipitamment du bac de ces animaux, imbibés d'eau de vaisselle et d'autres immondices, pour en faire sa nourriture. »

Avec un pareil régime, les maladies étaient inévitables. C'était d'abord le scorbut, dont ils furent presque tous atteints ; c'étaient aussi d'horribles plaies, laissées le plus souvent sans pansement ; des fièvres chaudes et des accès de frénésie, où parfois les malades, échappant à la surveillance de leurs confrères, se jetaient à la mer ; c'étaient des congestions, des pleurésies occasionnées par le froid ; et enfin la gale, que leur avaient communiquée les forçats.

Il fallut songer à établir un hôpital. On destina à cet usage deux chaloupes, où l'on put transporter une centaine de malades. Ils y étaient aussi mal que sur le vaisseau, couchés sur le plancher nu, ballottés par un roulis presque continuel, ayant souvent la moitié du corps dans l'eau que les chaloupes recevaient de toutes parts, sans remèdes, souvent sans tisane et même sans eau douce. Les médecins n'y faisaient qu'une courte apparition, et quelquefois insultaient à la misère des victimes. Aussi la plupart de ceux qui passèrent par l'hôpital y rendirent le dernier soupir.

La mortalité fut effrayante. A Rochefort et sur les vaisseaux en rade de l'île d'Aix, elle atteignit le chiffre de 66 %. L'abbé Guillon a relevé les noms de 539 de ces victimes, dont 82 du département de la Meuse ; 71 de la Seine-Inférieure ; 62 de l'Allier ; 61 de la Haute-Vienne ; 44 de la Dordogne ; 37 de la Meurthe ; 28 de la Moselle ; 16 de la Vienne ; 15 des

Côtes-du-Nord ; 14 de Saône-et-Loire ; 14 de la Creuse ; 13 de la Charente ; 11 du Morbihan ; 10 de l'Yonne ; 9 de la Charente-Inférieure ; 8 du Finistère ; 7 d'Eure-et-Loir ; 6 du Cher ; 5 de la Somme ; 5 de l'Orne ; 4 de la Marne ; 4 des Vosges ; 4 du Doubs ; 3 du Calvados ; 3 de la Moselle ; 2 du Mont-Blanc ; 1 d'Indre-et-Loire, et 1 de la Haute-Marne. L'abbé Manseau en a compté 574.

Dès qu'un prêtre était décédé, le patron de la chaloupe commençait par réclamer tout ce qui lui appartenait, et aussitôt hissait un pavillon signalant le décès au vaisseau voisin. A cette nouvelle, tout l'équipage poussait des hurlements de joie, et criait : « Vive la République ! » On tirait promptement le corps de la chaloupe, et des confrères étaient désignés pour aller, sous escorte, l'inhumer à l'île d'Aix. Malades eux-mêmes et épuisés par la douleur et les privations, ils portaient, à travers les sables mouvants, le corps sur une civière, et, arrivés à la distance d'un quart de lieue, ils le déposaient, creusaient une fosse très profonde, et y descendaient, sans aucun signe extérieur de religion, le cadavre auquel l'administration n'accordait ni un cercueil ni un linceul. Parfois ces tristes convois comprenaient plusieurs morts ; et, quand la funèbre besogne était accomplie, il fallait souvent, malgré la fatigue et la faim, la recommencer pour un autre confrère qui, dans l'intervalle, avait passé à une vie meilleure.

Il est facile de conjecturer l'état affreux dans lequel languissaient ces prêtres, arrachés soudain à leur ministère et à leurs études pour subir cette dure captivité. La plus inhumaine barbarie ajoutait encore aux souffrances physiques les plus cruelles douleurs morales, l'impossibilité de se recueillir, de réciter le bréviaire, de se livrer à aucune pratique de religion. Cependant la haine des bourreaux ne parvint pas à étouffer l'ingénieuse piété des victimes. Les déportés s'entendirent, avec une touchante unanimité, pour rendre leurs devoirs à Dieu. Pendant que les uns surveillaient les matelots et soldats, les autres priaient ; ceux qui avaient une meilleure mémoire récitaient l'ordinaire de la messe ou le psautier ; d'autres donnaient à leurs confrères des avis, des exhortations, et, dans des conférences spirituelles, les consolaient et les excitaient à souffrir chrétiennement pour Jésus-Christ ; « Privés de nos bréviaires, dit l'abbé Rousseau, nous en avions composé un à notre manière ; nous le récitions exactement ; nous avions même la consolation de nous nourrir de la parole de Dieu. Un de nos confrères, homme plein de zèle et de vertu, avait la charité de nous faire, deux ou trois fois la semaine, de petits discours familiers, qui, portant l'onction dans nos cœurs, nous rappelaient des devoirs qu'on ne saurait trop souvent méditer ; et nos confrères du *Washington* jouissaient des mêmes avantages. » Ils pratiquaient, vis-à-vis de leurs persécuteurs, la douceur, la charité, la patience ; et leur résignation arracha cet aveu à l'un de leurs ennemis les plus acharnés : « Voyez donc ces brigands-là ; plus ils souffrent, plus ils sont contents ! »

Le soin des malades les occupait aussi ; les infirmiers volontaires ne manquèrent ni sur les chaloupes servant d'hôpital, ni sur les vaisseaux, ni dans les prisons. C'était, pour les déportés, une grande consolation d'assister leurs confrères les plus malheureux ; dénués de toute ressource, ils ne pouvaient les secourir aussi efficacement qu'ils l'auraient désiré ; du moins ils leur prodiguaient les consolations de la foi ; ils leur parlaient de Notre-Seigneur, de son abandon au jardin des oliviers, et des supplices de sa Passion ; ils les engageaient à unir aux siennes leurs souffrances, à les offrir pour l'expiation de leurs péchés, pour le salut de leurs paroissiens et le relèvement de la patrie ; ils les confessaient, leur donnaient, au moment de la mort, l'indulgence plénière, et, souvent, ils réussirent à leur administrer l'Extrême-Onction et même le Saint Viatique. Enfin, comme le bruit se répandait que leur captivité allait prendre fin, l'un d'eux rédigea les résolutions suivantes, que tous s'engagèrent à mettre en pratique. Il faut citer en entier ce document, qui montre quelles étaient la piété de ces victimes et leur résignation à la volonté de Dieu, au moment même où leur sort était le plus malheureux et le plus digne de pitié :

RÉSOLUTIONS

PRISES PAR LES PRÊTRES PRISONNIERS A BORD DES *Associés*, DANS LES PREMIERS TEMPS DE LEUR DÉTENTION.

I

Ils ne se livreront point à des inquiétudes inutiles sur leur délivrance; mais ils s'efforceront de mettre à profit le temps de leur détention en méditant sur leurs années passées, et formant de saintes résolutions pour l'avenir, afin de trouver, dans la captivité de leur corps, la liberté de leur âme.

Ils regarderont aussi, comme un défaut de résignation à la volonté de Dieu, les moindres murmures, les plus légères impatiences, et surtout cette ardeur excessive à rechercher les nouvelles favorables, qui ne peuvent qu'introduire dans leur âme cet esprit de dissipation, si contraire au recueillement continuel dans lequel ils doivent vivre, et à cette soumission sans bornes à la volonté de Dieu, qui doit leur ôter toute inquiétude sur l'avenir.

II

Si Dieu permet qu'ils recouvrent, en tout ou en partie, cette liberté après laquelle soupire la nature, ils éviteront de se livrer à une joie immodérée lorsqu'ils en apprendront la nouvelle. En conservant une âme tranquille, ils montreront qu'ils ont supporté sans murmure la croix qui leur avait été imposée, et qu'ils se disposaient à la supporter plus longtemps encore, avec courage et en vrais chrétiens qui ne se laissent pas abattre par l'adversité.

III

S'il était question de leur rendre leurs effets, ils ne montreront aucune avidité à les réclamer ; mais ils feront, avec modestie et dans l'exacte vérité, la déclaration qui pourrait leur être demandée ; ils recevront, sans se plaindre, ce qui leur sera donné, accoutumés, comme ils doivent l'être, à mépriser les biens de la terre et à se contenter de peu, à l'exemple des apôtres.

IV

Ils ne satisferont point les curieux qu'ils pourraient rencontrer sur leur route ; ils ne répondront point aux vaines questions qu'ils leur feraient sur leur état passé ; ils leur laisseront entrevoir qu'ils ont supporté leurs peines avec patience, sans les leur raconter en détail, et sans montrer aucun ressentiment contre ceux qui en ont été les auteurs ou les instruments.

V

Ils se comporteront avec la plus grande modération et la plus exacte sobriété dans les auberges ; ils se garderont bien de faire la comparaison surtout devant des étrangers, des mets qu'on leur servira, avec leur ancienne nourriture, et de paraître y mettre trop de ouissance : l'empressement pour la bonne chère deviendrait un grand sujet de scandale pour les fidèles, qui s'attendent à retrouver, dans les ministres de Jésus-Christ, les imitateurs de sa pénitence.

VI

Arrivés dans leurs familles, ils ne montreront point trop d'empressement à raconter leurs peines ; n'en feront part qu'à leurs parents et amis, et encore avec beaucoup de prudence et de modération ; ils n'en parleront jamais en public (c'est-à-dire en chaire), et ne céderont point aux instances qu'on pourrait leur faire à cet égard. Ils observeront chez eux et chez les autres une égale frugalité, ne recherchant pas les repas, et s'y comportant, lorsqu'ils croiront devoir accepter les invitations qui leur seront faites, avec autant de modestie que de sobriété.

VII

Ils se condamneront au silence le plus sévère et le plus absolu sur les défauts de leurs frères et les faiblesses dans lesquelles auraient pu les entraîner leur fâcheuse position, le mauvais état de leur santé et la longueur de leurs peines. Ils conserveront la même charité à l'égard de tous ceux dont l'opinion religieuse serait différente de la leur ; ils éviteront tout sentiment d'aigreur ou d'animosité, se contentant de les plaindre intérieurement, et s'efforçant de les ramener à la voie de la vérité par leur douceur et leur modération.

VIII

Ils ne montreront aucun regret de la perte de leurs biens, aucun empressement à les recouvrer, aucun ressentiment contre ceux qui les possèdent ; mais ils recevront sans murmure les secours que la nation pourra leur accorder pour leur subsistance, toujours contents du simple nécessaire, tant pour les vêtements que pour la nourriture.

IX

Ils ne feront ensemble, dès à présent, qu'un cœur et qu'une âme, sans acception de personnes et sans montrer d'éloignement pour aucun de leurs frères, sous quelque prétexte que ce soit. Ils ne se mêleront point de nouvelles politiques, se contentant de prier pour le bonheur de leur patrie et de se préparer eux-mêmes à une vie nouvelle, si Dieu permet qu'ils retournent dans leurs foyers, et à y devenir un sujet d'édification et des modèles de vertu pour les peuples par leur éloignement du monde, leur application à la prière et leur amour pour le recueillement et la piété.

Enfin ils liront de temps en temps ces résolutions pour s'en pénétrer et s'affermir dans la pratique des sentiments qui les ont dictées.

Quicumque hanc regulam secuti fuerint, pax Dei super illos, et misericordia.

Cependant les malades devenaient chaque jour plus nombreux, et l'équipage lui-même commençait à être atteint de la contagion. On décida alors de débarquer les malades et les convalescents dans l'île Madame, devenue l'île *Citoyenne*, à l'embouchure de la Charente. Ils y furent transportés le 18 août 1794, moins d'un mois après la chute de Robespierre. Mais la Convention ne tardait pas à renouveler les décrets de déportation ; et, comme si l'on avait redouté que le séjour de l'île Madame fût favorable aux malheureux prêtres, on les rembarqua au moment de la Toussaint. Les malades furent installés à bord de *l'Indien*, et les convalescents sur les *Deux-Associés* et sur le *Washington*, qui stationnèrent vis-à-vis du village appelé le Port-des-Barques, à deux kilomètres de l'île Madame.

L'hiver de 1795 fut un des plus rigoureux qu'on ait jamais eu à subir en France. Les détenus, affaiblis par les épreuves qu'ils avaient deja supportées, furent obligés de passer les journées entières sur le pont, sans feu, sans abri, presque sans vêtements, avec une nourriture toujours aussi insuffisante et aussi mal préparée. On en vit qui ne pouvaient plus ni parler ni se remuer ; d'autres perdirent l'usage de leurs facultés et furent frappés d'amnésie complète. Enfin, après bien des tergiversations et des retards, le 7 février 1795, on les débarqua de nouveau et on les dirigea sur Saintes. C'était, sinon la délivrance, du moins la fin des horribles supplices qu'ils enduraient depuis le moment de leur arrestation. Sur plus de 850 prêtres déportés à Rochefort, il n'en restait que 274; 210 avaient été inhumés dans l'île d'Aix ; 275 dans l'île Madame ; et une centaine sur les rives de la Charente, en différents endroits.

Les habitants de Saintes étaient déjà connus pour leur humanité et leur amour de la religion ; ils allaient prouver que leur réputation était au-dessous de leurs mérites. Dès qu'ils surent que leur ville avait été désignée comme lieu d'internement des prêtres déportés, ils manifestèrent une grande joie, et mirent une activité merveilleuse à préparer aux confesseurs de la foi une généreuse hospitalité. La communauté de Notre-Dame avait été choisie pour recevoir les prisonniers ; les habitants, sans exception, rivalisèrent de zèle pour y apporter des lits, du linge, des vêtements, des meubles, de l'argent, des comestibles ; et, à l'arrivée des détenus, ils leur prodiguèrent les témoignages les plus touchants de vénération et d'affection, ne reculant pas devant les besognes les plus répugnantes pour les soigner, les nettoyer et leur donner enfin un peu de ce bien-être dont ils étaient privés depuis si longtemps. « Et qu'on ne croie pas, écrit l'un d'eux, que ces actes de charité n'aient été que l'effet d'un accès passager de sensibilité; non; ils se renouvelèrent aussi souvent que nos besoins; ils durèrent constamment, jusqu'à notre pleine et entière liberté; et ceux de nos confrères qui, depuis, au sortir de Brouage, ont été mis en réclusion à Saintes en attendant leur tardif élargissement, ont éprouvé, comme nous, la constante et vraiment inépuisable charité de ses habitants. » Les malades étaient bien logés, bien couchés, bien soignés; les prisonniers étaient pourvus non seulement du nécessaire, mais encore de l'agréable; c'était à qui leur procurerait quelques douceurs, leur rendrait des visites, leur donnerait des marques d'estime et de considération. Quand ils obtinrent leur liberté, on leur offrit l'hospitalité, puis des subsides pour la route; et, en retour, on ne leur demanda que la faveur d'assister à la célébration du Saint-Sacrifice et d'y recevoir, de leurs mains, la sainte communion. C'est dans ces conditions favorables que les prêtres, qui avaient si cruellement souffert dans la rade de l'île d'Aix et au Port-des-Barques, attendirent la délivrance.

*
* *

Au moment où l'on dirigeait vers Rochefort ceux dont on vient de raconter les épreuves, d'autres convois prenaient la route de Bordeaux. Ils étaient formés des prêtres du Midi et du Centre, venus principalement des départements de la Gironde, de l'Aveyron, de la Corrèze, du Puy-de-Dôme, de l'Ariège, de la Haute-Loire, du Cantal, d'Indre-et-Loire, de la Côte-d'Or, du Rhône, du Var et de Vaucluse. Les listes dressées par l'abbé Manseau portent les noms de près de 1500 d'entre eux, qui furent internés à Bordeaux, dans le fort Hâ, au Petit Séminaire, aux Grandes Carmélites, aux Catherinettes, aux Orphelines et au Palais-Brutus (ancien Palais du Parlement) ; puis, à défaut de place, dans la citadelle et le fort Pâté de Blaye. Presque partout ils furent accueillis, comme leurs confrères de Rochefort, par des huées, des insultes et des blasphèmes. On les entassa dans des souterrains obscurs, humides et malsains, où ils durent se coucher sur la terre nue. Leur nourriture était parfois réduite à deux onces de pain par jour ; aussi un grand nombre périrent-ils de faim et de misère. Les plus malheureux furent encore ceux du fort Pâté. Là, on oubliait quelquefois de procéder aux distributions de pain, et ils en vinrent à dévorer les herbes qui poussaient dans les cours du fort. Il est presque superflu d'ajouter qu'à Blaye, comme à Bordeaux et à Rochefort, on leur avait enlevé, autant qu'on avait pu, leur argent, leurs livres et tout ce qui pouvait être pour eux un objet de consolation, et que leurs gardiens n'hésitèrent pas à exercer contre eux toutes sortes de sévices et de mauvais traitements. Cependant, quel qu'ait été leur dénuement, il ne fut pas comparable à celui des déportés relégués sur les *Deux-Associés* et sur le *Washington*. Certains purent se procurer, à prix d'argent, de la paille, du bois, quelques légumes et même un peu de poisson de mauvaise qualité. Des chrétiens charitables se dévouèrent pour leur faire passer des aliments et des vêtements ; mais ils ne réussirent pas toujours à arriver jusqu'aux prisonniers ; et plusieurs payèrent de leur tranquillité et même de leur liberté, le soulagement qu'ils avaient voulu apporter à la détresse des captifs.

Après le 9 thermidor, la cruauté des bourreaux s'adoucit peu à peu. Le directoire du département alloua trente sous par jour à l'administration des prisons, afin de pourvoir à la nourriture et à l'habillement de chaque déporté. Le 2 août, on leur permit de travailler moyennant salaire ; et alors on les vit se livrer avec courage aux pénibles travaux des portefaix, des terrassiers et des maçons. Quand, le dimanche, ils pouvaient obtenir la permission de sortir, leur plus grand bonheur était de se rendre en hâte dans des maisons particulières, où ils étaient bien accueillis et où ils pouvaient célébrer la sainte messe. Du reste, ils purent presque toujours, dans leurs cachots, vaquer à leurs exercices de piété, et ils trouvèrent toujours le moyen de correspondre avec l'extérieur.

Au mois de novembre, Isabeau, représentant du peuple, délégué à Bordeaux, ancien prêtre de l'Oratoire, donna l'ordre d'embarquer le plus de prisonniers qu'il se pourrait sur trois navires qui avaient autrefois servi à la traite des nègres, le *Jeanty*, le *Dunkerque* et le *Républicain*, et d'aller les jeter sur la côte d'Afrique, afin d'en débarrasser la France révolutionnaire. Sur ces trois bâtiments, qui pouvaient contenir environ cent cinquante personnes, on en mit de six à sept cents ; c'est dire comment ils y furent logés. Leur misère fut alors comparable à celle de leurs confrères détenus en rade de l'île d'Aix, sans toutefois l'égaler ; et, comme eux, ils connurent les supplices du pont et de l'entrepont.

Le 6 décembre, ils quittèrent Blaye ; mais, vers le 12, ils furent assaillis par une tempête qui les aurait fait périr tous, si les prêtres ne s'étaient pas mis à la manœuvre. Echappés à ce danger, les officiers, qui redoutaient une attaque des flottes anglaise et espagnole, modifièrent l'itinéraire ; ils dirigèrent leurs vaisseaux vers l'embouchure de la Charente, et, le 27 décembre, vinrent stationner auprès des *Deux-Associés*.

On devine avec quelle émotion les déportés de Bordeaux aperçurent ceux de Rochefort. Dès qu'ils eurent obtenu la faveur de les visiter, ils vinrent s'informer de leur état, et la vue de leur misère leur fit presque oublier leurs propres souffrances : « Ces vénérables confrères (ceux de Bordeaux) qui, jusque-là, s'étaient regardés comme les plus malheureux des détenus, et qui, en effet, avaient été mis à de bien dures épreuves, croyaient n'avoir rien souffert, en comparaison de ce que nous éprouvions nous-mêmes, et ils ne pouvaient retenir leurs larmes et leurs sanglots. » Ils offrirent aux passagers des *Deux-Associés* ce qui leur restait de linge, d'habits, d'argent, et, par de pieuses paroles, relevèrent leur courage et ravivèrent en eux l'espérance.

Lorsque les détenus des *Deux-Associés* et du *Washington* quittèrent ces navires pour se rendre à Saintes, ceux du *Jeanty*, du *Dunkerque* et du *Républicain* restèrent à bord, où ils achevèrent de passer le terrible hiver de 1795. A ce moment, il leur était permis de dire la messe tous les dimanches et jours de fête, et ils profitaient des bonnes dispositions des officiers pour accomplir leurs exercices de piété avec la plus grande régularité, se préparant ainsi à reprendre, quand il plairait à Dieu, les travaux de leur ministère. Le 2 avril, jour du Jeudi-Saint, ils célébrèrent l'institution de l'Eucharistie et communièrent tous. Le lendemain, Vendredi-Saint, ils formèrent une ligue de prières, et signèrent l'engagement suivant :

« Les prêtres et autres ecclésiastiques déportés à bord des vaisseaux le *Jeanty*, le *Dunkerque* et le *Républicain*, en rade du Port-des-Barques, près Rochefort, désirant resserrer de plus en plus les doux liens de l'amitié et de la charité chrétienne, qu'une même foi et la même captivité ont formés entre eux, désirant les rendre aussi durables qu'utiles, et les étendre, autant qu'il est en eux, sont convenus, pour le présent et pour l'avenir, soit qu'ils demeurent ensemble, soit qu'ils se séparent, de ce qu'il suit :

I

Chacun d'eux célébrera tous les ans, tant qu'il en aura la faculté, deux messes ; l'une dans l'octave de l'Epiphanie, l'autre dans l'octave de la Nativité de la très Sainte-Vierge, et en appliquera l'intention : 1° pour remercier Dieu de toutes les grâces dont il n'a cessé de les combler, et pour lui demander la continuité de cette miséricordieuse protection, tant pour eux-mêmes que pour les bienfaiteurs et autres fidèles, leurs concitoyens, et pour le soutien de la religion catholique dans leur pays ; 2° pour demander à Dieu, réciproquement les uns pour les autres, une sainte mort, point décisif d'où doivent dépendre leur union et leur félicité éternelles ; 3° pour demander à Dieu, en faveur de ceux qui seront morts à cette époque, la prompte délivrance des peines du purgatoire, qui pourraient leur rester à expier.

II

Ceux d'entre eux qui ne sont pas prêtres, ou même les prêtres qui n'auraient pas la faculté de célébrer, réciteront, à l'époque ci-dessus fixée et à la même intention, savoir : à la place de la première messe, les sept psaumes de la pénitence ou le chapelet, et, à la place de la seconde, l'office des morts ou le chapelet, avec la communion s'il y a moyen, ou une courte adoration du Saint-Sacrement.

III

Les associés pénétrés du désir d'étendre la gloire de Dieu, se feront un plaisir d'admettre tous les fidèles de l'un et de l'autre sexe à cette association spirituelle ; ceux qui désireront s'y faire agréger se conformeront aux prières ci-dessus énoncées. Il suffira, pour s'y faire agréger, de manifester sa volonté à un des prêtres associés.

A bord du *Jeanty*, le 3 avril 1795. »

Suivent les signatures.

Le même jour, ils apprirent qu'on venait de faire droit à deux demandes de mise en liberté ; c'étaient les deux premières. Le jour de Pâques, 5 avril, 58 prêtres furent de même élargis ; et le 12 avril, dimanche de *Quasimodo*, les décrets libérateurs arrivèrent en plus grand nombre à Saintes et au Port-des-Barques. En quelques jours, tous les déportés de Saintes furent libérés ; mais il n'en fut pas ainsi de ceux qui étaient sur les vaisseaux. Cent cinquante environ avaient été oubliés, dont la plupart furent transférés à Brouage ; d'autres furent reconduits à Blaye et à Bordeaux, et les malades furent laissés à l'hôpital de Rochefort.

Leur incarcération se prolongea encore pendant près d'un an. A Brouage, ils furent très malheureux, souffrirent du froid et de la faim, et beaucoup périrent par la fièvre et la dysenterie: « Le nombre de ceux dont la santé est passable, dit un rapport authentique, suffit à peine pour porter les autres en terre. Plusieurs manquent de vêtements, et une partie couche sur les planches, n'ayant pas seulement de la paille. »

Enfin, le 2 avril 1796, ils furent dirigés sur Saintes, où ils retrouvèrent les soins empressés, l'affection touchante et la généreuse hospitalité dont avaient joui leurs confrères des *Deux-Associés* et du *Washington*. Ils y passèrent la plus grande partie de l'année, dans le recueillement et la prière, se livrant à des retraites spirituelles, renouvelant leurs promesses cléricales, consacrant leurs personnes et la France entière au Sacré-Cœur. Peu à peu arrivèrent les ordres d'élargissement ; mais les derniers se firent attendre jusqu'au mois de décembre 1796. Ce fut alors que le décret du 14 frimaire an V (4 décembre 1796), abrogea la loi du 3 brumaire an IV, et prononça la mise en liberté de tous les ecclésiastiques internés à Saintes et ailleurs.

Quand on apprit que les prêtres déportés étaient autorisés à retourner dans leur pays où, sous la surveillance de la police, ils pourraient remplir les obligations de leur ministère, une grande joie se manifesta sur tous les points du territoire. Partout des souscriptions s'organisèrent pour faciliter le retour des confesseurs de la foi. Dans les villes et les villages, ils furent accueillis et fêtés comme des martyrs. Mais on ne peut rendre l'émotion qu'ils éprouvèrent lorsqu'ils arrivèrent dans leurs paroisses, et qu'ils revirent leurs paroissiens, leurs amis et leurs parents. Ce bonheur, hélas ! ne fut pas donné à tous ; un trop grand nombre d'entre eux reposaient dans l'île d'Aix, dans l'île Madame, sur les bords de la Charente, à Brouage, à Bordeaux et à Blaye. Souvent même la maladie et la misère avaient rendu méconnaissables ceux qui avaient échappé à la mort, et leur voix seule les faisait reconnaître. Et puis, quelle douleur pour eux de retrouver parfois leurs églises dévastées, d'entendre le récit des horreurs et des sacrilèges qui y avaient été commis, de contempler les ruines accumulées par la haine et l'impiété, et d'apprendre les deuils que la

Révolution avait causés dans leurs familles et dans celles de leurs paroissiens! Mais la joie de vivre et l'espérance l'emportaient sur toutes les tristesses, et, après avoir rendu grâces à Dieu d'avoir échappé à tant de périls, on ne s'attardait pas en de stériles regrets ; on renouvelait son courage et on parait au plus pressé, en attendant qu'on pût asseoir sur des bases solides, et mener à bonne fin l'œuvre de restauration et de régénération. Toutefois, l'allégresse ne devait pas être de longue durée ; et de nouvelles épreuves étaient réservées, à brève échéance, aux fidèles et surtout aux pasteurs.

CHAPITRE II

LA SECONDE DÉPORTATION (1797-1808)

La Guyane. — Les îles de Ré et d'Oléron.

Un an ne s'était pas écoulé depuis que le décret du 14 frimaire avait rendu la liberté aux derniers prêtres déportés, quand fut exécuté le coup d'Etat du 18 fructidor. Dès le lendemain, la terreur reparut ; les lois antérieures, portées contre les prêtres et contre les émigrés, furent remises en vigueur, et les arrestations se multiplièrent. Le 20 fructidor, le Directoire décida que les citoyens condamnés à la déportation seraient transférés à Cayenne. Soixante-cinq hommes politiques furent arrêtés, dont quarante-cinq s'échappèrent.

Ce fut surtout contre les prêtres que furent exercées les poursuites les plus acharnées : « Partout où se trouve un soldat de la liberté, écrivait Augereau, les émigrés et les prêtres insoumis doivent disparaître. » On en guillotina et on en fusilla un certain nombre ; les autres furent arrêtés et reprirent le chemin de Rochefort.

Les arrestations ne furent pas toujours faciles à opérer. Les populations mirent un grand zèle à protéger contre les *grippe-Jésus* ces prêtres, dont elles avaient si ardemment désiré et si sincèrement fêté le retour ; et, plus d'une fois, il fallut organiser des expéditions pour arrêter quelque malheureux ecclésiastique. Mais, comme la plupart d'entre eux avaient refusé de prêter le serment de haine, la chasse aux prêtres n'en fut pas moins fructueuse. Du reste, elle dura longtemps, et, le 22 mars 1799, jour du Vendredi-Saint, Bruxelles voyait encore passer dix-sept charrettes de prêtres condamnés à la déportation.

Les prêtres arrêtés étaient jugés à huis-clos. Après la condamnation prononcée, on les réunissait par escouades, et on les dirigeait sur Rochefort, à pied, ou, si leur âge ou leurs infirmités y mettaient obstacle, en charrettes. Pendant leur voyage, ils furent quelquefois en butte à la haine exaltée de la populace ; mais, le plus souvent, ils furent accueillis avec respect et bonté ; et, en plus d'une rencontre, le dévouement des fidèles se manifesta d'une façon touchante.

Les prisons de Rochefort furent bientôt remplies par la foule des condamnés qu'elles avaient à recevoir ; on y jetait pêle-mêle des hommes politiques, des voleurs, des déserteurs, des prêtres constitutionnels et même mariés, des prêtres insermentés, et enfin des laïques arrêtés aussi pour leur fidélité à la foi de Jésus-Christ. Les prêtres insermentés donnèrent l'exemple de la piété ; dès leur arrivée, ils organisèrent leurs exercices religieux, auxquels ils admirent les laïques de bonne volonté : au réveil, prière du matin ; à neuf heures, récitation des prières de la messe et du bréviaire, suivie d'une lecture pieuse ; à onze heures, lecture de l'*Imitation* ; à deux heures, récitation des vêpres ; à trois heures, récitation des Matines du lendemain ; à la nuit tombante, prières pour demander à Dieu la résignation et le courage d'accomplir saintement sa volonté; après le souper, prière du soir. C'est dans ces édifiantes dispositions qu'ils attendirent l'heure de l'embarquement.

Le Directoire avait d'abord songé au Sénégal comme lieu de déportation. Sur les instances de Bougainville le navigateur, et de Daniel Lescallier, ancien ordonnateur général (gouverneur) de la Guyane, il opta pour ce dernier pays ; et, sans autres préparatifs, sans plan élaboré à l'avance, des ordres furent donnés pour embarquer sans retard les déportés : « On alla à l'aventure, dit M. Victor Pierre, avec une insouciance de la vie des hommes qui trahit ou une coupable témérité ou une indigne préméditation. »

Le premier convoi d'ecclésiastiques comprit 155 prêtres et religieux : la Bretagne en avait fourni 27 ; les Vosges, 13 ; la Belgique, 16, auxquels il faudra plus tard en ajouter à peu près le même nombre (1). On leur avait adjoint 38 laïques, parmi lesquels il y avait cinq voleurs ; et, comme l'esprit français ne perd nulle part ses droits, on les appela, sur le navire, le *Directoire* ou les *Cinq Directeurs*.

La *Charente* avait été désignée pour transporter les déportés à Cayenne. Elle mit à la voile le 1er germinal (21 mars 1798) ; mais, à peine hors des passes, elle rencontra des vaisseaux anglais ; elle s'échoua en voulant leur échapper, essuya leur canonnade, put enfin se remettre à flot, et rentra au port, désemparée et hors d'état de reprendre son voyage. Toutefois, les prisonniers restèrent à bord jusqu'à ce qu'on eût fait choix d'un autre bâtiment pour remplacer la *Charente* ; et alors ils vécurent, comme autrefois sur les *Deux-Associés*, entassés dans l'entrepont où ils ne pouvaient même s'asseoir, mal nourris, passant à peine deux heures par jour sur le pont, et asphyxiés par les odeurs infectes qui se dégageaient de leurs corps et des baquets servant aux besoins de la nature. Enfin, le 23 avril, ils passèrent sur la *Décade* ; et, le 26, ils partirent.

(1) Il mourut vingt prêtres belges à la Guyane ; un bien plus grand nombre furent internés dans les forts des îles de Ré et d'Oleron (Cf. p. 40).

Pendant la traversée, qui dura sept semaines, les déportés furent un peu moins à plaindre que sur la *Charente*, du moins pendant le jour, dont ils passaient la plus grande partie sur le pont ; mais les nuits furent tout aussi terribles : « Nous n'avions dans l'entrepont, dit Ange Pitou qui faisait partie du convoi en qualité de déporté politique, qu'un espace de trente pieds de large, sur trente-sept pieds de long, et quatre pieds six pouces de hauteur, occupé par deux rangs de hamacs l'un sur l'autre. Ajoutez à cela les valises, qui remplissaient un tiers de l'espace, et les piliers, qui, de trois en trois pieds, supportaient les hamacs. Il restait seulement aux déportés qui y étaient couchés, cinq pieds de longueur sur deux de hauteur, d'où il faut encore déduire la place des valises, ce qui réduisait leurs cinq pieds à moins de trois. Quelles nuits ! Grand Dieu ! quelles nuits ! L'échafaud est un trône auprès de ce genre de supplice... » Ils arrivèrent devant Cayenne le 11 juin ; et le débarquement, commencé le 13, se termina le 15 ; il y avait quarante malades ; mais pas un seul décès ne s'était produit pendant la traversée.

Six semaines plus tard, au commencement d'août, la *Vaillante* et la *Bayonnaise* se préparaient à mettre à la voile pour la Guyane. Sur la *Vaillante*, partie de l'île de Ré, avaient pris place cinquante-trois déportés dont vingt-six prêtres, vingt-cinq galériens et deux femmes, épouses de deux condamnés. Attaquée par un vaisseau anglais, la *Vaillante* amena son pavillon et fut conduite en Angleterre ; les prêtres y furent mis en liberté ; et les forçats furent internés à Plymouth.

La *Bayonnaise*, partie le 9 août, sept jours après la *Vaillante*, emportait 119 déportés, dont 109 prêtres. La vie à bord fut des plus pénibles. La nourriture était répugnante, composée de biscuit envahi par les araignées et les vers, de bœuf salé, de lard jaune et rance, de morue conservée, de gourganes souvent pourries, d'eau noire et corrompue, et d'un peu de vin aigre et indigeste. « Sur le pont, dit l'abbé Aubert, du diocèse de Châlons-sur-Marne, c'était, ici, une foule de volailles, qui, enfermées dans leurs cages au-dessus de nos têtes, comme pour se venger de ne pouvoir partager nos festins, les éclaboussaient de leurs aliments, qu'elles avaient souillés de leurs ordures. Là, c'était un troupeau de moutons qui, se nourrissant à côté de nous, joignaient au goût détestable de nos mets la fade odeur de leur laine et le méphitisme de leur fumier... Bientôt je sentis moi-même la piqûre atroce des poux. Cette misérable vermine nous couvrit en peu de temps, et, malgré tous nos soins, de la tête aux pieds ; et elle ne nous abandonna qu'à l'instant où nous abandonnâmes nous-mêmes le navire. » Les maladies se développèrent rapidement, et huit prêtres moururent pendant la traversée. Enfin le 29 septembre, la corvette mouilla devant Cayenne ; mais il fallut encore attendre sept jours avant de commencer le débarquement. Une vingtaine de prêtres furent laissés à Cayenne ; les autres furent transportés à Conanama, où ils retrouvèrent leurs confrères de la *Décade*.

Conanama était l'endroit le plus malsain de toute la colonie. C'était un désert, entrecoupé de marécages pestilentiels. Les moustiques et insectes dangereux y pullulaient : c'étaient les tiques, les maques, les maringouins, espèces de cousins très redoutables ; c'étaient aussi des mouches, dont les piqûres donnaient la fièvre et le délire ; des poux d'aboutis, qui déchirent l'épiderme et brûlent les chairs ; des chiques, sorte de puces imperceptibles qui s'attachent aux pieds, déposent leurs œufs sous la peau, et amènent ainsi la gangrène et la mort ; des poux de bois, des fourmis paripours, des scorpions, des mosquites. Pas d'ombre ; pas d'eau ; une chaleur intolérable, et, pour toute habitation, quelques piquets fichés en terre, et surmontés d'une charpente recouverte de larges feuilles.

Voici, d'après Ange Pitou, quelle était la nourriture des déportés, déjà épuisés par les épreuves des prisons et de la traversée : « Huit onces (deux cent quarante grammes) de pain ; douze onces de cassave (farine de racine de manioc désséchée) ; huit onces de viande ; deux onces de riz ; un demi-quart de tafia ;

quinze onces d'huile, qu'on ne leur a jamais données ; et jamais ils ne reçurent les objets précédents d'après le poids indiqué. »

Dans ces conditions, le séjour de Conanama était des plus dangereux ; aussi la dysenterie et les fièvres putrides y multiplièrent leurs ravages, et le manque de soins facilita l'œuvre de la mort. « On fut témoin de spectacles hideux, dit l'abbé Aubert. Ceux qui enterraient les morts leur cassaient les jambes, leur marchaient sur le ventre, pour les faire entrer dans la fosse ; leur empressement de courir à la dépouille des expirants ne leur donnait pas le loisir de la creuser ni assez large, ni assez longue, ni assez profonde. » Ces horreurs et d'autres du même genre sont confirmées par J. J. Aymé, par Ange Pitou, et par une lettre de l'officier du poste à Jeannet, agent du Directoire en Guyane. Pendant ce temps, Lescallier écrivait dans le *Moniteur*, que les déportés étaient heureux, et qu'ils menaient une vie plantureuse dans un pays où ils trouvaient en abondance de la volaille, du gibier, des bestiaux, du poisson, etc...

Le 25 novembre 1798, Conanama fut évacué, et les déportés transférés à Sinnamary ; ils y arrivèrent les uns par terre, les autres, en plus grand nombre, par mer. Avant de quitter Conanama, les prêtres se réunirent au cimetière où reposaient tant de leurs confrères ; ils y donnèrent une dernière absoute, et bénirent une dernière fois les tombes de ceux que Dieu avaient rappelés à lui.

Le climat de Sinnamary était presque aussi meurtrier que celui de Conanama ; la misère y fut donc aussi pitoyable, et, d'ailleurs, les santés étaient trop délabrées pour pouvoir s'y restaurer. Du moins, au point de vue spirituel, les consolations furent plus grandes ; la messe y était célébrée chaque jour, et la sainte communion portée à ceux qui ne pouvaient y assister. La piété la plus fervente ne s'y démentit pas un seul instant ; et la charité, la résignation, le pardon et l'espérance du bonheur éternel furent les sentiments qui remplissaient les âmes des saints prêtres : « Mon frère, écrivait l'un d'eux, je vais mourir, et je serais coupable envers Dieu si je ne pardonnais pas à mes ennemis. En me voyant partir pour la Guyane, tu as voulu connaître mon dénonciateur ; et tu m'as avoué, dans ta douleur, que tu tirerais vengeance tôt ou tard de son crime... O mon frère, abandonne un semblable projet... Pardonne-lui comme je lui pardonne ; je t'en conjure au nom de Jésus-Christ, qui va me recevoir dans sa sainte miséricorde. Recommande moi aux prières de tous nos parents et de mes paroissiens. Adieu, mon frère ; en mourant, je demande à Dieu qu'il répande sur toi, sur ta femme et tes cinq enfants, toutes sortes de prospérités. »

Sous l'administration de Victor Hugues, la vie fut moins dure pour les déportés ; mais la mort avait bien éclairci leurs rangs. D'après le tableau dressé par M. Victor Pierre, sur les 155 prêtres amenés par la *Décade*, 90 moururent ; et sur les 109 amenés par la *Bayonnaise*, 63 succombèrent. Sur 63 laïques déportés (1), il y eut 26 décès, soit 41 pour cent ; sur 265 prêtres (2), il y eut 154 décès, soit 58 pour cent. Tel est le bilan de la mortalité à la Guyane pendant la déportation qui suivit le 18 fructidor.

En arrivant à Cayenne, dans les premiers jours de janvier 1800, Victor Hugues apportait la nouvelle du coup d'Etat du 18 brumaire, ainsi que les premiers passeports pour les déportés politiques. A ce moment, des pétitions étaient adressées à Bonaparte pour lui demander le rappel des prêtres déportés. Le 10 janvier 1800, les consuls décrétaient que les anciens serments étaient abolis et remplacés par une promesse de fidélité à la constitution de l'an VIII. Déjà la liberté des cultes avait été proclamée. Le 23 août, Victor Hugues demandait lui-même le rappel des prêtres déportés. Enfin le repatriement commença ; il

(1) Dans un premier voyage, la *Vaillante* avait transporté à la Guyane 15 laïques et un prêtre, l'abbé Brotier, qualifié ex-mathématicien ! Il mourut à la Guyane, dans les sentiments les plus édifiants : « Je leur pardonne, disait-il ; que le ciel leur pardonne de même. Et puissent-ils, à leur dernier jour, ne pas être, comme moi, privés de la présence et des consolations de leurs familles ! »

(2) M. Aulard n'en compte que 258.

dura deux ans. Le 24 août, partirent l'abbé Brumauld de Beauregard, qui devint plus tard évêque d'Orléans, et un autre prêtre; dans le courant de la même année, 29 autres revinrent; 71 furent rappelés en 1801 et 8 en 1802. Mais tous ne débarquèrent pas aisément en France; plusieurs navires, ramenant des déportés, furent capturés par la flotte anglaise, et ce ne fut qu'après mille angoisses que ces infortunés purent enfin remettre le pied sur la terre de la patrie.

***

Les difficultés qu'avait éprouvées le Directoire à envoyer les déportés en Guyane, et à faire revenir de ce pays les vaisseaux employés à cet usage, et qui, pas plus au retour qu'à l'aller, n'avaient pu échapper aux croisières anglaises, firent renoncer le gouvernement à reléguer loin de France tous ceux qui lui portaient ombrage, et surtout les prêtres qui refusaient de prêter des serments incompatibles avec leur conscience. Ainsi ce qu'on a parfois appelé l'humanité ou la clémence du Directoire ne fut qu'un effet de la crainte. C'est pourquoi, le 28 nivôse an VII (17 janvier 1799), l'île d'Oleron fut désignée comme lieu de déportation. Déjà, en avril 1798, on avait transféré des déportés à l'île de Ré, pour désencombrer les prisons de Rochefort devenues insuffisantes, et nous avons dit précédemment que la *Vaillante*, capturée par les Anglais, était partie de cette île au commencement d'août emmenant à son bord 53 déportés, dont 26 prêtres qui furent mis en liberté par les vainqueurs.

M. l'abbé Manseau a relevé les noms de 1023 prêtres qui furent déportés dans l'île de Ré, et de 208 qui furent internés dans l'île d'Oleron, soit un total d'environ 1230. M. Victor Pierre n'arrive qu'au chiffre de 1135, soit 943 pour l'île de Ré, et 192 pour l'île d'Oleron. Avec ces prêtres furent emprisonnés environ deux cents laïques, chouans, forçats, journalistes, officiers, ouvriers, bourgeois, et même quelques femmes. Les trois quarts des prêtres déportés venaient des départements du nord et du centre de la France ; les autres appartenaient aux quarante départements du midi. La Belgique mérite une place d'honneur, pour avoir fourni à la déportation de l'île de Ré environ 246 prêtres, à celle de l'île d'Oleron, environ 126, à celle de la Guyane une trentaine, auxquels il faut ajouter à peu près 220 qui furent internés dans différentes villes de Belgique ; ce qui donne un total de plus de 620 prêtres incarcérés sans parler des milliers qui passèrent les frontières et s'exilèrent.

Parmi les prêtres déportés on vit un certain nombre de prêtres assermentés, et même mariés. Pour s'exposer aux poursuites du Directoire, il suffisait, en effet, de sonner les cloches, de relever des croix, de maintenir le dimanche contre le décadi, de tenir des régistres de baptême et de mariage, de proclamer la nécessité du mariage religieux et son indissolubilité, etc... C'étaient là des griefs suffisants pour motiver une acccusation d'incivisme ou de fanatsme, qui avait pour conclusion inévitable l'emprisonnement ou la déportation. L'abbé Guillon estime à 80 le nombre des prêtres constitutionnels qui furent ainsi déportés, auxquels il convient de joindre quatre prêtres mariés : « Mais, ajoute-t-il, de ces 80 qui étaient coupables du serment schismatique, il y en eut 60 qui, en présence de leurs confrères, firent la plus édifiante rétractation et rentrèrent dans le sein de la véritable Eglise ; et, des quatre mariés, il y en eut deux qui, amèrement repentants de leur faute scandaleuse, l'expièrent par une pénitence proportionnée à l'amertume de leur repentir. »

Les détenus furent enfermés d'abord dans la citadelle de l'île de Ré, puis dans celle d'Oleron ; et, là où l'on pouvait loger quatre cents hommes, on en mit plus de mille. Les toits, mal entretenus, laissaient pénétrer la pluie dans les prisons ; les fenêtres et les portes manquaient parfois ; et les rigueurs de l'hiver, aussi bien que l'excessive chaleur de l'été, minèrent la santé des prisonniers. On avait dressé quelques lits, qui furent réservés pour les malades, les infirmes et les vieillards ; ceux qui avaient de l'argent achetèrent de la paille, mais ne purent pas toujours la renouveler ; les autres couchèrent sur la terre nue.

Le règlement était très sévère. Tandis que les déportés politiques pouvaient prendre pension chez les habitants de l'île, ou même louer à leur compte des appartements particuliers, les prêtres étaient internés au nombre de six, puis de quinze, et même de vingt par chambre. Deux heures de promenade leur étaient accordées chaque jour dans l'intérieur de la citadelle; défense leur était faite de communiquer avec l'extérieur. Deux marchés avaient lieu par décade, à l'entrée de la citadelle, afin que les prisonniers pussent y acheter les objets qui leur étaient nécessaires ; mais deux hommes seulement par chambre pouvaient s'y rendre, et ils étaient escortés de soldats chargés de les surveiller, d'examiner s'ils ne glissaient pas des lettres et s'ils ne tenaient pas des propos contre-révolutionnaires. La privation de promenade était la punition la plus ordinaire.

Si les vivres avaient été distribués conformément aux instructions données par l'administration, ils auraient été suffisants ; le règlement ordonnait, en effet, sept distributions de viande par décade, et trois distributions de morue ; en outre, chaque déporté devait toucher, par jour, trois quarts de pinte de vin et une livre et demie de pain. Mais la viande fit souvent défaut ; la morue était mauvaise ; le pain indigeste et pas cuit ; enfin l'eau des citernes était trouble, le vin n'était pas buvable, et les haricots résistaient victorieusement à la cuisson. Nous n'ajouterons rien sur l'état de la malpropreté où l'on laissait les déportés : l'hygiène du Directoire était à peu près la même dans les îles que celle de la Convention sur les pontons de Rochefort. Cependant la mortalité ne fut pas énorme ; pour les prêtres, elle fut de 6, 8 % à l'île de Ré, et de 10 % à l'île d'Oleron. Dans le même temps, à Rochefort, où étaient encore internés 380 prêtres, la mortalité atteignait le chiffre 44 %.

La vie des prêtres déportés fut aussi édifiante dans les îles de Ré et d'Oleron que sur les pontons de

Rochefort, dans les prisons ou en Guyane. Partout ils répandaient autour d'eux cette odeur de piété profonde qui amena tant de conversions, et qui jeta le repentir jusque daus l'âme des apostats. Outre les exercices de religion, dont à aucun moment ils ne se relâchèrent, ils se rendaient les uns aux autres, et surtout aux infirmes et aux malades, mille offices de charité. Ils avaient organisé des conférences sur la théologie et l'Ecriture sainte ; ils suivaient des retraites fréquentes, et s'adonnaient chaque jour à la méditation. Ils mettaient en pratique ces maximes qui avaient été transcrites par l'un d'eux pour l'usage de tous : « Les exercices suivants doivent nous être chers et familiers comme les cinq doigts de la main : la présence de Dieu, l'oraison, les aspirations, la mortification, la lecture spirituelle. — La foi nous fait regarder comme des biens ce que le monde regarde comme des maux, et comme des maux ce que le monde appelle des biens ; et c'est de la différence de ces idées que naît la différente conduite des justes et des pécheurs. — Il faut respecter ceux qui nous persécutent, et les regarder comme les exécuteurs de la justice de Dieu qui nous châtie, etc,.. » Ils trouvaient leurs délices dans la dévotion à la Sainte-Vierge, et récitaient chaque jour le chapelet. Trompant la surveillance des gardiens, ils confectionnèrent des ornements ; se procurèrent des calices. en étain ; firent, avec des ardoises, des pierres d'autel qui furent consacrées par le supérieur des Bernardins de Gand ; et, après avoir érigé des autels dans les greniers de la citadelle, ils purent célébrer la messe et communier. Le commissaire du Directoire ne tarda pas à être mis au courant de ce qui se passait ; il fit confisquer les calices ; mais les pieux fidèles de l'île en apportèrent d'autres, si bien que le commissaire, voyant qu'il ne viendrait pas à bout de cette sainte obstination, chercha à en tirer bénéfice, et se mit à vendre des cierges pour la célébration du divin sacrifice. Dès lors, continue l'abbé Manseau qui a conservé, comme des reliques, les objets du culte dont se servirent les déportés, la victime adorable fut offerte, chaque matinée, par un nombre considérable de prêtres ; depuis trois heures du matin jusqu'à midi, les prêtres se servaient la messe les uns aux autres. Bientôt ils établirent l'adoration perpétuelle et l'œuvre de la réparation, récitant chaque jour, devant le Saint-Sacrement, un acte de pardon où ils imploraient la miséricorde de Dieu pour la France et pour l'Eglise ; enfin ils fondèrent une association en l'honneur du Sacré-Cœur de Jésus. Il est permis de penser que ces prières, jointes à tous les autres mérites de ces confesseurs de la foi, hâtèrent non seulement le moment de leur délivrance, mais aussi l'heure où la France, abjurant ses erreurs, devait renaître et recouvrer, au moins pour un temps, la concorde et la prospérité.

Les conséquences du 18 brumaire se firent sentir, aux îles de Ré et d'Oleron, plus vite qu'en Guyane. Vingt jours après le coup d'Etat, tous les prêtres assermentés ou mariés étaient mis en liberté. L'arrêté du 20 nivôse (10 janvier 1800) étendit cette faveur à tous ceux qui prêteraient la promesse de fidélité à la constitution nouvelle. Ainsi les îles furent évacuées, par suite soit des élargissements, soit des évasions que facilitèrent parfois même les officiers et les soldats de la garnison. La majeure partie des mises en liberté eut lieu dans les premiers mois de l'année 1800. Les Belges furent rapatriés en masse. Au commencement de juin, il ne restait plus que 140 détenus à l'île de Ré. C'était le moment où Bonaparte disait aux curés de Milan : « La France, instruite par ses malheurs... a reconnu que la religion catholique était comme une ancre qui pouvait seule la fixer dans ses agitations ; et elle l'a, en conséquence, rappelée dans son sein. Je ne puis disconvenir que je n'aie beaucoup contribué à cette belle œuvre. Quand je pourrai m'aboucher avec le nouveau Pape, j'espère que j'aurai le bonheur de lever tous les obstacles qui pourraient s'opposer encore à l'entière réconciliation de la France avec le chef de l'Eglise. »

Les derniers déportés furent ceux qui refusèrent la promesse de fidélité ; ils ne se décidèrent à la signer que sur les instances du cardinal Caprara, et quittèrent l'île de Ré en août 1802.

CHAPITRE III

L'EXIL (1792-1802)

De même qu'il y eut deux déportations, il y eut deux exils, l'exil d'avant et l'exil d'après fructidor ; mais, comme le second ne fut que l'exacte répétition du premier, il convient de les fondre tous deux dans une même narration.

Après les décrets de mai 1792, le clergé français se dirigea vers les frontières. Les évêques partirent, en général, les premiers ; c'est contre eux, en effet, que furent dirigés les premiers coups de la persécution. Dès 1791, ils furent sommés, parfois sous peine de mort, de laisser la place aux évêques constitutionnels ; et, comme il n'y eut que quatre évêques qui donnèrent à leurs prêtres l'exemple du schisme, tous les autres durent partir pour l'exil ; on espérait venir plus facilement à bout du troupeau, une fois qu'on l'aurait privé de ses pasteurs. En s'éloignant, ils laissèrent à des délégués épiscopaux l'administration de leurs diocèses ; c'est ainsi que, pendant la période révolutionnaire, l'abbé Galmiche devint délégué épiscopal à Besançon ; l'abbé Tronville à Verdun ; l'abbé Hayes de la Sorière au Mans ; l'abbé Brumauld de Beauregard à Luçon ; l'abbé Rey, à Chambéry ; les abbés Everard et Juge-Brassac à Chartres, etc...

Les évêques, au nombre de plus d'une centaine, se réfugièrent surtout en Belgique, en Suisse, en Italie, en Espagne et en Angleterre ; mais ceux qui avaient passé en Belgique durent reculer devant l'invasion française, et se retirèrent en Angleterre, en Hollande et en Allemagne. Ils ne cessèrent pas de se tenir en relations avec leurs diocèses ; et, quand la persécution s'appesantit sur leur clergé, ils déployèrent une grande activité pour parer aux plus pressants besoins des exilés, et fonder les œuvres destinées à adoucir leur triste sort.

En 1792 et 1793, les prêtres se virent aussi obligés de céder à la force, et, à travers mille périls, partirent pour l'étranger. Dans ce pénible voyage, beaucoup furent attaqués, certains assassinés, tous injuriés et dévalisés par les jacobins ; et, pour la plupart, quand ils arrivèrent à la frontière, ils ne possédaient plus ni or, ni argent, ni même le linge et les vêtements dont ils s'étaient munis en hâte, et sur lesquels leurs ennemis ne manquèrent jamais de faire main basse. « Les bourses que la Révolution prenait dans les poches de ces prêtres étaient bien peu garnies, dit M. L. Sciout ; mais elle voulait tenter tout ce qui était humainement possible pour réduire ces proscrits à l'existence la plus misérable dans les pays où elle les jetait violemment. » M. l'abbé Sicard estime à 40 000 le nombre des prêtres exilés : onze mille allèrent en Angleterre de huit à dix mille en Espagne ; six mille en Italie ; autant en Suisse, et le reste en Hollande, en Allemagne, en Portugal, et même en Danemark, en Suède, en Russie et en Amérique.

Il était naturel que les évêques et les prêtres, surtout ceux du Sud-Est de la France, songeassent à s'exiler en Italie et dans les Etats pontificaux. Ils allèrent d'abord en Savoie, d'où, chassés par les armées de la République, ils s'enfuirent en Piémont avec les prêtres savoyards. Mais, tandis que ces derniers furent reçus avec cordialité par les Piémontais, les prêtres français furent mal accueillis ; on ne leur permit pas de séjourner dans les états sardes ; on leur donnait un passeport, et, sans presque leur laisser le temps de se reposer, on les forçait de continuer leur route et de passer soit dans le Valais, soit sur les terres du Pape. Quelques privilégiés obtinrent cependant la faveur de se fixer dans le Piémont, et même à Turin, où ils vécurent péniblement de leurs propres ressources ou des subsides que leur fit parvenir Pie VI.

Rome et les états pontificaux regorgèrent bientôt de prêtres exilés. 2.000 y arrivèrent du mois d'octobre 1792 au 1er août 1793, dont 100 à peine, pouvaient subvenir à leurs besoins. En 1794, ils étaient 5.000 sans compter les religieuses, et 2.000 laïques. Alors, pour éviter le désordre, et pour assurer l'équitable répartition des secours, Pie VI sentit la nécessité de réglementer le séjour des étrangers, et il fonda *l'œuvre pie de l'hospitalité française.*

Le pape en était le président ; mais son chef réel fut le prélat Mgr Laurent Caleppi. Sous son habile direction, les états pontificaux furent partagés en cinq sections, dont les chefs-lieux étaient Rome, Viterbe, Pérouse, Bologne et Ferrare ; et bientôt il n'y eut plus une seule localité, si minime qu'elle fût, qui ne donnât l'hospitalité à quelques ecclésiastiques français. La ville de Rome fut spécialement réservée aux évêques, et même beaucoup d'entre eux n'obtinrent pas la permission de s'y fixer d'une manière permanente. Les religieuses furent aussi placées à Rome ; et Pie VI vint les visiter, les encourager et les féliciter de leur vertu dans le malheur. Les prêtres réfugiés ne pouvaient, sans autorisation, s'éloigner de la section qui leur avait été assignée. Quand ils résidaient dans un monastère ou dans un couvent, ils devaient assister aux offices de jour, et se conformer à la règle pour l'heure des repas et de la rentrée à la fin du jour. On ordonna aux religieux de se rendre dans les monastères de leur ordre, et d'y suivre tous les exercices, sans aucune exception.

Pour soutenir l'œuvre, Pie VI n'hésita pas à puiser dans le trésor déposé par Sixte V au Château Saint-Ange, et y prit un demi-million d'écus romains qu'il employa au soulagement des prêtres français. Il fit ensuite appel à la charité de tous ses sujets : « Animés par l'exemple du Pasteur suprême, dit le P. Theiner, tous à l'envi, cardinaux, prélats, ecclésiastiques, reli-

SCIENCE ET RELIGION
Etudes pour le temps présent

LA

DÉPORTATION & L'EXIL

DU

CLERGÉ FRANÇAIS

PENDANT LA RÉVOLUTION

PAR

Hubert MAILFAIT
Docteur ès lettres

PARIS
LIBRAIRIE BLOUD & Cie
4, RUE MADAME ET RUE DE RENNES, 59

DU MÊME AUTEUR

(dans la même collection)

---

334. **La Constitution civile du Clergé et la Persécution religieuse pendant la Révolution** . . . 1 vol.

---

163. ALLAIN (chanoine E). — **L'Eglise et l'Enseignement populaire sous l'Ancien régime** . . . . 1 vol.

182. **La Révolution française et l'Enseignement national (1789-1802).** . . . . 1 vol.

BERNARD (R. P.). — **La Persécution religieuse en Allemagne** (1872-1879). 2 vol. se vendant séparément.

260. **I. Les Congrégations** . . . . 1 vol.

261. **II. Le Clergé et les Catholiques** . . . . . . 1 vol.

183. BRUGERETTE (J). — **La Déclaration des Droits de l'Homme et la Doctrine catholique.** . . 1 vol.

235. **Si toutes les religions se valent ?** . . . . 1 vol.

282. **Les Créations religieuses de la Révolution** 1 vol.

283. **Le Club des Jacobins** . . . . 1 vol.

200. LECARPENTIER (G.). — **La Propriété foncière du clergé sous l'ancien régime et la vente des biens ecclésiastiques** pendant la Révolution. . . 1 vol.

IMPRIMATUR

Remis, die 26ª Junii 1905.

E. NEVEUX

vic. cap.

gieux, nobles et citoyens rivalisèrent d'empressement et de zèle pour accueillir et soigner, comme des fils et des frères, ces glorieux ministres du Très-Haut, forcés, par la fureur des impies, d'abandonner le sol de leur patrie et le soin de leurs troupeaux. Tout ce que la plus ingénieuse charité chrétienne peut faire fut fait à Rome en cette mémorable occasion. »

Le pape donnait noblement l'exemple. Il témoignait aux exilés une affection sans réserve, et il les exaltait comme « d'illustres confesseurs, qui ont bien mérité de notre sainte religion ». Mgr Caleppi écrivait à l'évêque de Saint-Dié (Rome, 26 septembre 1794) : « Monseigneur, le Saint-Père n'a pas plutôt entendu parler de votre situation que son cœur en a été vivement touché ; et il m'a ordonné de vous envoyer une petite lettre de change de 120 écus romains. Sa Sainteté regrette infiniment que plus de 5.000 ecclésiastiques émigrés, placés dans ses Etats, et grand nombre de laïques, ses propres sujets d'Avignon et de Carpentras, l'obligent à mettre des bornes à sa générosité vis-à-vis des évêques. Hélas ! que n'avons-nous plus de moyens ! Soyez cependant sûr, Monseigneur, que le Saint-Père ne vous oubliera pas pour l'avenir, car il vous aime et vous estime trop ; et Sa Sainteté est prête à partager jusqu'à ses dernières ressources avec les défenseurs de la religion et du trône. » Le même prélat écrivait au cardinal de Montmorency (Rome, 22 octobre 1794) : « Monseigneur, le Saint-Père, dont Votre Eminence recevra directement la réponse à la lettre qu'elle vient de lui écrire, m'ayant ordonné de lui faire passer tout de suite une lettre de change de 400 écus romains, j'ai l'honneur de la lui envoyer ci-jointe. Hélas ! que n'avons-nous plus de moyens ! me disait ce bon Père en me donnant des ordres pour Votre Eminence. » Le dénuement des exilés était tel, que le connétable don Philippe, prince de Colonna, ouvrit à Rome une souscription pour leur procurer des habits, des bréviaires et autres objets de première nécessité.

La charité de Pie VI s'étendit plus loin, et alla secourir les évêques retirés en Allemagne, en Hollande et en Suisse. Il soulagea ainsi la détresse de plus de 20.000 exilés, dont la reconnaissance se traduisit, en termes touchants, dans une foule de lettres conservées aux archives du Vatican. Cette correspondance comprend plus de 60 gros volumes in-folio, sous ce titre : *De charitate Sanctæ Sedis erga Gallos.*

Toutefois il arriva que les exhortations de Pie VI ne produisirent pas partout tout le fruit qu'on aurait dû en attendre, et que des prêtres, des religieux et des religieuses fermèrent leurs portes non seulement au bas clergé, mais aux princes mêmes de l'Eglise. Les évêques de Glandèves, de Luçon, de Vaison, de Vence, et d'autres en firent l'amère expérience. L'évêque de Vaison écrit, le 8 juillet 1793 : « Je suis dans un village, avec un seul domestique qui me sert gratis; et l'économie extrême avec laquelle je vis, réunie au peu d'argent que j'avais encore lorsque je reçus à Turin le secours de Sa Sainteté, m'a soutenu jusqu'à présent ; mais je me vois à la fin de mes ressources. » Et il ajoutait, le 7 octobre 1794 : « Je suis absolument sans moyens. »

Ce qui rendait le clergé français suspect au clergé romain, c'étaient les doctrines janséniste et gallicane. Le pape obligea bien tous les exilés à signer une formule de condamnation du jansénisme et du gallicanisme ; mais cette mesure ne suffit pas toujours pour calmer la défiance et l'irritation des sujets de Pie VI.

Aussi la vie ne fut point facile pour un grand nombre d'exilés. Les évêques avaient dû partir précipitamment, emportant peu ou point d'argent; et leurs maigres ressources furent vite épuisées. Alors la misère s'abattit sur eux ; et, après avoir mené autrefois une existence fastueuse, ils furent réduits à manquer des choses les plus indispensables. On vit un évêque de Béziers manquer de chemises et de bas; un évêque d'Agen troquer ses montres et ses autres bijoux pour un morceau de pain ; un évêque de Châlons-sur-Marne, Mgr de Clermont-Tonnerre, vendre jusqu'à sa croix pectorale pour pouvoir payer sa nourriture.

Sans doute Pie VI, quand il apprenait l'étendue de cette détresse, n'y restait jamais insensible ; il accordait une pension à tous les évêques qui s'adressaient à lui ; mais certains prélats ne se résignèrent que difficilement à solliciter la charité du Saint-Père ; et l'on comprend toute la répugnance que durent éprouver les Polignac, les Montmorency, les Rohan-Chabot, les Clermont-Tonnerre, les Castellane et tant d'autres à révéler leur misère et à tendre la main.

On devine que la condition des prêtres fut plus pitoyable encore. L'un d'eux écrit au Pape, le 14 juillet 1794 : « Le peu de fonds que nous avions pour sortir de France, Très Saint-Père, a été absorbé par la dépense des quatre premiers mois de notre exil. A cette époque, un honnête paysan nous fit la charité de nous accorder un asile chez lui ; et, par une libéralité peu commune, il a fourni à tous nos besoins jusqu'à ce moment. Mais sa petite fortune ne lui permettant pas de continuer ses largesses, il nous a priés, en nous témoignant tous ses regrets, de chercher ailleurs des secours. Nous l'avons fait aussitôt... Dans cette cruelle perplexité, nous recourons au Père des pauvres ; nous nous jetons aux pieds de Votre Sainteté ; nous la conjurons d'avoir pitié de notre situation... »

Cependant les prêtres proscrits ne recoururent jamais qu'avec une extrême délicatesse à la charité du Souverain Pontife : « Il y a trois ans, écrit l'un d'eux le 7 mars 1796, que je me trouve dans les Etats de Toscane, à vivre à mes frais et dépens ; je me trouve aujourd'hui à la fin de tous mes fonds...Jusqu'ici je me suis fait un scrupule de ne pas participer aux secours offerts par Sa Sainteté, pour ne point en priver ceux qui en avaient peut-être plus besoin que moi ; mais la trop longue durée de mes disgrâces m'a épuisé, et m'a forcé de recourir aux mêmes moyens. » Aussi, malgré l'admirable charité de Pie VI, nos compatriotes eurent-ils beaucoup à souffrir, et ne furent pas toujours à l'abri des tourments de la faim.

*
* *

En Espagne, la charité se montra encore plus généreuse et plus compatissante qu'en Italie; mais là, il faut distinguer soigneusement l'attitude du gouvernement de celle de la nation. Tandis que les évêques, les prêtres, les nobles, les bourgeois et le peuple rivalisent d'empressement et de soins pour accueillir et secourir les quinze évêques ou archevêques, et les 7.000 prêtres qui affluent en ce pays, venant du Sud-Ouest, de l'Ouest et des régions centrales de la France, le gouvernement se montre tracassier et hostile envers tous les exilés français ; et il prend contre eux des mesures sévères.

L'émigration en Espagne commence en 1791. Beaucoup de prêtres, plus de 1.000, s'embarquent, pendant les six derniers mois de l'année 1792, dans les principaux ports de l'Atlantique, pour gagner la péninsule ibérique ; d'autres préfèrent la voie de terre. Avant de quitter leurs paroissiens, ils célèbrent une dernière fois la messe au milieu d'eux ; ils leur recommandent de rester toujours unis au Saint-Siège, de ne se départir jamais de l'intransigeance la plus absolue vis-à-vis des intrus ; ils leur promettent leurs plus ferventes prières ; puis ils consomment les hosties, et partent, laissant le tabernacle vide et ouvert.

Ils furent magnifiquement accueillis : « Je ne puis vous dépeindre, dit l'un d'eux, la manière affable et charitable avec laquelle nous avons été reçus par les Espagnols. Chacun s'empressait de nous loger et de nous offrir des secours. Une bienfaisante émulation animait leur zèle ; tous voulaient partager la bonne œuvre, et, jusqu'aux artisans un peu aisés, voulaient recevoir un prêtre français. Les habitants riches en ont accueilli jusqu'à trois, quatre, cinq, six. Le commandant de la place s'est chargé de six. Sa femme voulut elle-même servir les quatre derniers qu'elle venait de recevoir : « Il me semble, disait-elle, que je sers les apôtres. »

« C'est comme en triomphe, dit M. V. Pierre, que nos prêtres d'Anjou, de Bretagne, de Vendée, débarquèrent en Espagne, à Santander ou à la Corogne, ou que nos évêques du Midi, au sortir des Pyrénées firent leur entrée dans la péninsule. Les religieux ouvrirent leurs couvents, et les évêques leurs palais. Tous les prélats avaient pris pour règle la devise que l'un d'eux avait fait inscrire au-dessus des portes de sa demeure : *Oportet episcopum hospitalem esse.* » Les alcades ou maires venaient haranguer les proscrits ; et ceux qui les recevaient ne voulaient entendre parler ni de pension, ni d'argent ; c'est pour l'amour de Dieu qu'on leur offrait l'hospitalité.

Les archevêques de Tolède, de Valence, de Séville et de Tarragone, les évêques de Ségovie et de Cordoue, de Carthagène et d'Oviédo, de Pampelune, d'Astorga, d'Osma et de Ciudad-Rodrigo ne mirent point de bornes à leur charité. L'archevêque de Valence nourrit plus de 700 proscrits, dont 200 sont reçus dans son palais, et il ajoute : « Si ma maison est pleine, mon cœur ne l'est pas. » Celui de Tolède en appelle plus de 500 dans son diocèse, et donne l'hospitalité au plus grand nombre. Le chapitre de Zamora se charge de 50 exilés pour tout le temps de la persécution ; celui de Léon en fait habiller 100 et leur donne tout ce qu'ils ont besoin.

Mais celui qui témoigna à nos compatriotes le plus absolu dévouement fut l'évêque du pauvre et petit diocèse d'Orense, Pierre de Quevedo y Quintano. Non seulement il abrita dans son palais les prêtres proscrits, mais il leur céda ses propres appartements, se contentant pour lui d'une petite cellule. Quand son palais fut rempli, il leur loua des maisons en ville ; aux infirmes, aux malades, aux convalescents, il attribua sa maison de campagne ; il exalta les mérites de ceux qui souffraient persécution pour leur foi, et pour leur attachement au Saint-Siège ; il leur prodigua les marques d'affection et de respect, et il poussa la bonté jusqu'à envoyer des secours aux prêtres restés en France. Toutes les classes de la société suivirent ces nobles exemples, et le peuple lui-même s'empressa d'apporter des habits et de l'argent aux malheureux exilés.

Sans doute, il y eut quelques dissidences dans ce concert de sympathies : les moines se montrèrent plutôt rudes à l'égard de leurs hôtes, les astreignant à toutes les exigences de leur vie austère, et punissant les infractions à la règle par la relégation dans des couvents situés au sommet des montagnes. Le clergé séculier de certaines régions reprocha durement aux proscrits d'avoir fui la persécution ; et les évêques de Girone et de Santander se firent l'écho de ces injustes accusations. Les exilés ne se laissèrent pas attaquer sans répondre ; l'abbé Larroque, plus tard vicaire général de Toulouse, publia l'*Apologeticus ad Hispanos*, pendant que l'abbé Taillet, alors vicaire général de Saintes, écrivait, dans le même but, un autre traité que l'abbé Guillon a inséré dans ses *Martyrs de la foi* (t. I *pp.* 510 *et suiv.*).

De son côté, le gouvernement espagnol ne fit preuve que de mauvaise volonté vis-à-vis des prêtres français. Dès le 2 novembre 1792, il promulguait contre eux une ordonnance : il leur était interdit de se fixer à Madrid, et même, autant que possible, dans les chefs-lieux des provinces ; ils devaient habiter les monastères et y vivre en communauté ; il ne leur était permis ni de prêcher, ni de confesser, ni d'enseigner ; enfin il leur était enjoint de résider dans l'intérieur du pays, à vingt lieues, au moins, de la frontière. En mars 1793, la guerre éclata entre la République et l'Espagne ; et la défiance redoubla à l'égard des Français. La paix du 22 juillet 1795 n'amena pas le retrait des ordonnances ; au contraire, de 1797 à 1799 parurent de nouveaux décrets qui déportaient les émigrés dans les îles de Majorque et des Canaries. Toutefois les ecclésiastiques y échappèrent facilement ; le public les aida à tourner et à éluder les mesures violentes prises contre les étrangers. Dans beaucoup de diocèses, les évêques ne se soucièrent que médiocrement des ordonnances royales ; ils confièrent aux Français divers ministères, et n'eurent qu'à se louer de leur zèle et de leurs vertus. Charles IV lui-même, qui signait les décrets, s'efforça d'en atténuer la rigueur dans l'application, et fit distribuer aux prêtres une somme de près de 270.000 livres.

Malgré les largesses du roi et des particuliers, les exilés eurent beaucoup à souffrir. L'évêque de la Rochelle, réfugié à Pampelune, écrivait, le 5 octobre 1792 : « Je connais actuellement plus de cent prêtres de mon diocèse, et autant de celui de Luçon, qui touche au mien, qui sont arrivés sans habits, sans linge et sans aucune ressource... J'aurais sacrifié, avec le plus grand plaisir, mes ressources personnelles pour venir au secours de mes frères dans le sacerdoce, persécutés pour une si belle cause ; mais actuellement, je suis moi-même dépourvu de tout. Le peu de fonds qui me restait a été saisi, à Bayonne, par les officiers municipaux, chez mon correspondant qui a couru de grands dangers. » L'évêque de Tarbes ne put rester dans le monastère de Montserrat, parce que la pension coûtait vingt sous par jour ; l'archiprêtre de Bazas faillit mourir de faim dans la cathédrale de Tolède. Nombre de prêtres trouvèrent leur subsistance dans l'exercice de divers métiers ; les plus heureux firent de la médecine et donnèrent des leçons ; mais d'autres devinrent chocolatiers, passementiers, vanniers, couteliers, rémouleurs, et même cireurs de souliers.

Cependant ils ne se crurent jamais autorisés, par leur dénuement, à négliger leurs devoirs d'état. Ils formèrent des associations de prières, sous le patronage des Saints de la France et du Sacré-Cœur, pour demander à Dieu le salut de leur patrie. Les neuvaines, les mois entiers de supplications se succèdent presque sans interruption ; ils suivent des retraites, et offrent à Dieu, pour le bien de leurs paroisses, les souffrances qu'ils endurent. Entre temps, ils assistent à des conférences sur la théologie, sur les conditions nouvelles dans lesquelles va se trouver l'Eglise de France, et sur la manière dont ils devront réparer les ravages causés par la révolution. Certains étudient la langue et la littérature de l'Espagne, lisent et traduisent Sainte Thérèse et les grands ascétiques de ce pays. Autant qu'il leur est possible, ils restent en communication avec leurs ouailles, les maintiennent dans l'orthodoxie, et raniment l'espérance dans leurs cœurs. Le clergé et le peuple espagnols, témoins de leur piété et de leurs travaux, manifestèrent plus d'une fois en quelle haute estime ils tenaient nos prêtres : « Ils sont tous de mœurs très régulières, dit l'évêque d'Orense, et prouvent l'excellente éducation de ce clergé... Tous édifient par une singulière modestie et une gravité remarquable. » Par un juste retour, les exilés furent unanimes à proclamer la charité des Espagnols, et ils gardèrent toujours à ce peuple un souvenir ému et reconnaissant.

***

La Suisse ne démentit pas sa réputation de nation hospitalière. Treize évêques et plus de 5.000 prêtres, venant surtout de l'Est et du Sud-Est, y trouvèrent asile. Ils y furent reçus avec une bonté et une charité qui ont excité l'admiration de tous les historiens : « Le plus pauvre des pays d'exil, dit M. V. Pierre, en fut le plus hospitalier, de même que le plus constant dans sa générosité. » Les cantons de Soleure et de Fribourg se distinguèrent, entre tous, par la cordialité de l'accueil qu'ils firent aux exilés ; mais les pays protestants, et même Genève ne restèrent pas insensibles aux malheurs du clergé français. En cette dernière ville, les ministres protestants louèrent les prêtres proscrits de ce qu'ils préféraient l'exil au déshonneur ; on les mit sous la protection de la république, et une souscription, qui produisit une somme d'argent considérable, fut organisée à leur profit. Partout, les familles aisées ouvrirent leur demeure aux victimes de la persécution ; les ouvriers et les paysans leur offrirent de partager leur frugale nourriture, leur fromage, leurs légumes, leur lait et leur pain grossier, et ils les traitèrent comme les enfants de la famille ; les curés et les moines logèrent et nourrirent les proscrits par centaines dans leurs presbytères, et dans les monastères d'Ensiedeln, de Saint-Urbain, de

Saint-Blaise, de Saint-Maurice, de Saint-Gall, d'Engelberg, etc... Enfin les évêques donnèrent l'exemple, et distribuèrent à pleines mains les secours en argent et en nature, non moins que les consolations spirituelles et les exhortations au courage.

Mais la Suisse était pauvre. Pour ne pas abuser de l'hospitalité qui leur était offerte, les prêtres travaillèrent; aucun métier ne les rebuta; les uns se firent marchands; les autres charretiers, maréchaux, valets de ferme, laboureurs, manœuvres et maçons. On en employa dans les fabriques de tabac, de chandelles, dans les imprimeries; on en vit qui tricotaient des bas, d'autres qui faisaient des gants, des chemises, des souliers, des filets; beaucoup apprirent à broder, et gagnèrent, par ce moyen, sept à huit sous par jour.

Leur détresse n'en fut pas moins navrante. S'ils eurent toujours de quoi se nourrir, ils manquèrent souvent de quoi se vêtir : « A soixante-treize ans, écrit l'un deux, il faut que je périsse de misère ; je suis réduit à deux chemises que l'on m'a données ; je manque des choses les plus nécessaires à la vie, et je n'ose en parler à personne, parce que je peinerais de bons et respectables confrères hors d'état de me soulager. » L'abbé Monceau, du diocèse de Besançon, exilé à Soleure, dépeint ainsi la misère des exilés (14 avril 1794) : « J'ai vu toutes les colonies des prêtres français, et ce spectacle me navre encore de douleur par son souvenir. Ici, ce sont des prêtres qui ont été reçus gratuitement chez de pauvres habitants de la campagne, et qui n'ont pour toute nourriture, depuis deux ans, qu'un peu de pain, quelques légumes et du laitage, et manquent des habillements les plus nécessaires, de bas, de souliers, de chemises ; là, c'en sont d'autres, qui se trouvent dans les villes, obligés d'aller dîner dans une maison, souper dans une autre, et changer ainsi tous les jours, sans avoir même de quoi payer un chétif logement pour se retirer pendant la nuit ; ailleurs, ce sont des vieillards, des infirmes qui ne peuvent se procurer le plus petit soulagement dans leur affreuse détresse. »

Pour remédier à cette misère, les évêques exilés organisèrent des quêtes, en Suisse et dans les autres nations. On répondit avec empressement à leurs sollicitations : « Berne, Bâle, Zurich, Schaffouse, Saint-Gall, Winterthur, Elgg, Trogen, Hérisau, dit un collecteur, toutes ces villes nous ont comblés de bienfaits ou nous les ont assurés, ne différant les secours que pour les rendre plus abondants. Schwitz, Uri, la vallée d'Urseren, les catholiques de Glaris et de Naefels, partout des actions de grâces à rendre. Wyl, Rorschach, Arbon, Alstaedten, Frauenfeld, tout autant de villes bienfaisantes. » Des ecclésiastiques allèrent tendre la main, pour leurs frères malheureux, en Allemagne, en Russie, en Suède, en Danemark. L'impératrice de Russie fit un don de 200.000 livres ; l'abbaye de Salm, en Souabe, donna 480 livres ; le duc de Bavière, 2.940 livres ; le duc de Bouillon, 1.368 ; le landgrave de Hesse, 2.640 ; la cour de Turin, 2.120 ; le duc de Saxe-Gotha, 1.200 ; l'évêque d'Augsbourg, prince électeur de Trêves, 3.166.

A Fribourg, l'abbé de Montrichard, du diocèse de Besançon, fut chargé de répartir les secours. Il créa l'œuvre des repas à bon marché, qui fut inaugurée, le 19 janvier 1794, dans la commanderie de l'ordre de Malte. Un prêtre était chargé de la cuisine. « La nourriture, dit M. V. Pierre, était des plus simples ; une fois par jour de la viande, et il n'y en avait pas toujours le dimanche ; on ne mangeait de veau qu'au carnaval ; le soir, une soupe. Des œufs, des pommes de terre, des pois, des lentilles, du riz, composaient l'ordinaire des jours maigres ; on y ajoutait du lait. Au début, pas de vin, ou très peu ; dans la suite, quand les ressources augmentèrent, on en servit régulièrement. A certains jours de fête, à Pâques, à Noël, il y avait un peu d'extra ; par exemple, des petits pâtés ; et, le jour des Rois, un gâteau. » Trois cent cinquante neuf prêtres s'assirent à cette table, pendant les deux ans et demi qu'elle resta ouverte ; d'autres, sans être nourris, recevaient une petite pension de deux à trois livres par semaine. On distribua aussi des vêtements. On dépensa ainsi à Fribourg, en 1794, plus de 20.000 livres; en 1795, plus de 40.000; en 1796, pendant les six premiers mois de l'année, plus de 23.000 livres; 76.000 repas furent servis, qui revinrent à 37.291 livres. Le 30 juin 1796, sur les injonctions du Directoire, l'œuvre cessa de fonctionner. Pendant l'invasion française de 1798, l'abbé de Montrichard se réfugia en Bavière; mais il n'en continua pas moins son assistance aux exilés; et, du 1er juillet 1796 au 12 avril 1800, il leur distribua 56.551 livres.

Malgré son héroïque charité, la Suisse ne parvint pas à nourrir tous ses hôtes, et les évêques français durent diriger vers l'Italie tous ceux dont il était impossible d'assurer la subsistance. De plus, dès 1793, mais surtout à partir de 1795, la Convention et le Directoire imposèrent à Fribourg et à Soleure, contre les prêtres émigrés, des décrets d'expulsion, qui furent exécutés, il est vrai, avec la plus grande indulgence. Néanmoins plusieurs centaines d'ecclésiastiques furent forcés de quitter le pays, et de porter ailleurs leur misère, et parfois leurs infirmités. La Suisse n'en a pas moins mérité d'être citée comme un exemple à toutes les nations du monde, pour l'inépuisable dévouement et l'admirable charité dont elle fit preuve pendant l'exil du clergé français.

***

Au début de la persécution, un grand nombre d'ecclésiastiques du Nord et de l'Est avaient gagné la Belgique. Ils y furent accueillis à bras ouverts, traités et hébergés comme des frères. En octobre 1792, on en comptait jusqu'à huit ou neuf cents dans les diocèses de Bruges et de Gand. Chaque famille voulait avoir à sa table un ou plusieurs prêtres, auxquels on témoignait la plus affectueuse et la plus respectueuse compassion; les évêques et les prêtres encouragèrent ces bonnes dispositions des fidèles. Malheureusement la Belgique, envahie et conquise, vit se déchaîner contre elle la plus violente persécution; et non seulement les exilés français, mais les ecclésiastiques belges durent fuir et chercher un asile dans les Pays-Bas et en Allemagne.

Ils reçurent des Hollandais un accueil convenable, mais sans élan. La ville d'Utrecht fut celle qui leur témoigna le plus de bienveillance. L'évêque de Clermont écrivait le 22 juillet 1794 : « Ma situation est assez triste, comme celle de la plupart de mes confrères ; mais eux et moi devons trouver notre consolation et notre bonheur dans le précieux avantage de souffrir pour la cause de Jésus-Christ. Toute notre douleur doit se porter sur la cruelle destinée de nos peuples, et sur la perte d'une immensité d'âmes que nous voyons tomber dans l'abîme. Je ne sais jusqu'à quand durera cet horrible état de choses ; mais je sais que nous ne devons pas nous lasser de souffrir, ni sortir de cette sainte résignation, qui peut nous rendre nos épreuves salutaires. Je dois vous avouer que plus les affaires paraissent humainement désespérées, plus j'ai confiance en la proximité du terme de nos maux ; il faut que toute sagesse humaine soit confondue, et que les hommes sachent une bonne fois que celui qui nous a frappés est le seul qui puissse nous guérir. » A Maëstricht, dans le Limbourg, les prêtres français se dévouèrent pour combattre une épidémie de peste, et donnèrent ainsi un bel exemple de courage et de charité sacerdotale.

*
* *

En Allemagne, Munster et Constance furent les deux centres où se réunirent le plus grand nombre de proscrits. Après la bataille de Fleurus (23 juin 1794), les exilés se réfugièrent en Westphalie. Ils y vinrent à pied, par des chaleurs intolérables, commençant leurs journées à trois heures du matin, et les finissant à neuf heures du soir, parfois mal reçus, mais le plus souvent accueillis avec bonté dans les presbytères et dans les couvents. Bientôt, à Cologne, à Dusseldorf, à Munster furent organisés des comités. A Munster, on vit jusqu'à deux cardinaux, deux archevêques et douze évêques ; et plus de 2.000 prêtres français y fixèrent leur séjour pendant six ans. Dusseldorf abrita plus de 500 prêtres ; et 18 archevêques ou évêques y trouvèrent asile. A Cologne, on recueillit, en quelques jours, 1800 prêtres et 150 religieuses. En 1795, après la conquête de la Hollande par Pichegru, de nouveaux proscrits affluèrent : « Ils arrivaient, dit l'abbé Delestre, le sac sur le dos ; les souliers pleins de neige ; les pieds ensanglantés ; l'estomac vide, parce qu'on trouve à peine des auberges dans les villes, et qu'elles sont très rares dans les campagnes ; les membres roidis par le froid ; tout le corps abattu par l'épuisement. » Le prince évêque de Munster, frère de Marie-Antoinette, se multiplia pour stimuler la libéralité des habitants ; il donna lui-même l'exemple ; il entretint, à lui seul, environ 80 prêtres. Le dévouement fut unanime ; et, au bout de quelque temps, dit l'abbé Traizet, il n'y eut pas un seul villageois qui n'eut au moins un émigré chez lui. Mais, la place faisant défaut, plus de 1800 furent réduits à chercher ailleurs un refuge.

A Constance, 300 prêtres furent reçus en 1792 ; 205 en 1793 ; 253 en 1794. La campagne de Moreau en Souabe et en Franconie les dispersa ; mais ils revinrent en 1797 et 1798, au nombre de plus de 500. L'archevêque de Paris, Mgr de Juigné, et quatre évêques organisèrent une table commune, sur le modèle de celle de Fribourg ; et, comme la vie était à bon marché et les vivres abondants, ils arrivèrent, à force d'ingénieuses économies, à nourrir chaque exilé à raison de neuf livres par mois. Enfin la Bavière donna l'hospitalité à 1.000 ecclésiastiques ; et la Saxe prodigua à de nombreux proscrits les secours les plus empressés et les attentions les plus délicates.

Les moines allemands ne montrèrent pas toujours autant de charité que les pauvres paysans de Westphalie. Sous prétexte de jansénisme, ils rudoyaient les prêtres français, et parfois leur fermaient leurs portes ; les plus riches abbayes ne se chargèrent pas de plus de 3 ou 4 prêtres; leur libéralité ne dépassa pas une vingtaine de louis; et les religieux français ne furent même pas toujours reçus dans les maisons de leur ordre. Si les Bénédictins de Hussebourg et les Prémontrés de Clarholz se montrèrent humains et compatissants, les moines de Fulde, de Fussen, et beaucoup d'autres firent preuve d'un orgueil et d'une dureté révoltante. Les Capucins furent partout très accueillants; à Constance, ils avaient cédé leur église aux exilés: « Leurs couvents, dit l'abbé Lambert, étaient des auberges à tous les prêtres français en voyage. » Les Récollets imitèrent l'exemple des Capucins. Quant aux religieuses, elles montrèrent une inépuisable bonté; celles de Marienborn et de Marienthal, en particulier, s'estimèrent d'autant plus heureuses que la Providence leur envoya plus d'exilés à secourir; et elles n'hésitèrent pas à prendre sur leur ordinaire, afin de venir en aide à un plus grand nombre de proscrits.

Dans les pays protestants, les prêtres furent à peine tolérés. Le roi de Prusse ne les admit pas dans ses Etats, même dans les provinces catholiques, comme la Silésie; il permit seulement d'y faire des quêtes. Les collecteurs furent bien accueillis par les catholiques, mais ils furent mal reçus par les protestants, notamment à Hambourg, à Lubeck, à Schwerin, dans le Slesvig-Holstein, dans les comtés de Lippe et d'Oldenbourg, à Delmenhorst, à Minden et à Berlin.

Si le clergé allemand ne se soucia pas de se décharger sur nos prêtres d'une partie de son ministère, les exilés cependant ne restèrent pas inactifs. Les uns travaillèrent de leurs mains, pendant que d'autres se livraient à l'étude. Quelques-uns excellèrent dans la connaissance de la langue allemande; l'évêque de Boulogne, Mgr Asseline, composa en exil quatre ouvrages estimés, et c'est aussi en exil que fut écrit le célèbre *Memoriale vitæ sacerdotalis*. Ces travaux atténuaient les douleurs des proscrits, mais ne leur donnaient pas le bonheur. Ils souffraient beaucoup de la morgue des prêtres allemands, de l'éloignement de leur patrie, et du manque de nouvelles de leurs paroissiens et de leurs parents : « Je n'ai point, dit à ce propos l'abbé Delestre, éprouvé en exil de privation et de perplexité qui approchât de celle-là ; j'en savais trop et trop peu pour être tranquille. Quelles anxiétés ! Que de jours sombres ! Que de lugubres nuits ! La mort de mes amis et de mes parents m'eût certainement fait moins de mal que la cruelle incertitude dans laquelle j'ai vécu sur leur sort ! »

***

Mais la nation qui fit à nos compatriotes le plus chaleureux accueil, et qui a ainsi acquis tous les droits à la reconnaissance des catholiques de notre pays, c'est l'Angleterre. Là vécurent, pendant dix ans, 11.000 ecclésiastiques du Nord, de l'Ouest et même du Centre de la France ; 31 archevêques et évêques y trouvèrent asile, et la seule île de Jersey abrita, pendant un certain temps, plus de 3.000 prêtres. Le roi, le Parlement, la noblesse, la bourgeoisie, le clergé catholique et protestant rivalisèrent de zèle pour secourir nos exilés. La nation anglaise dépensa, à cet effet, plus de 47 millions pendant toute la durée de l'émigration.

Un grand nombre de prêtres se dirigèrent d'abord sur Jersey ; et, le 16 septembre 1792, ils commencèrent à y arriver. Il y en eut bientôt plusieurs milliers, qui venaient des diocèses de Bayeux, d'Avranches, de Coutances, de Saint-Malo, de Dol, de Saint-Brieuc, de Tréguier, de Saint-Pol-de-Léon, du Mans, de Séez, d'Angers et de Rennes. Ils y vécurent tranquilles, libres, bien traités par les habitants, et soutenus par les souscriptions ouvertes en Angleterre. Ils y organisèrent le culte catholique et commencèrent à prêcher, tout en se gardant d'un prosélytisme qui aurait porté ombrage au gouvernement anglais. Mais les résultats ne s'en produisirent pas moins : quand ils arrivèrent à Jersey, il n'y avait de catholique qu'une vieille femme de quatre-vingts ans ; aujourd'hui, l'île possède quatre grandes églises et cinq chapelles de secours, neuf écoles, et l'on y compte 10.000 catholiques. Mais Jersey était trop près de la France ; et, en août 1796, le gouvernement décida de ramener les prêtres dans la Grande-Bretagne. Ils vinrent donc retrouver leurs confrères, et débarquèrent à Hull, Scarborough, Sunderland et Berwick.

Le jour où les premiers ecclésiastiques français, au nombre de 250, arrivaient à Jersey, 3.000 autres étaient venus demander asile à l'Angleterre ; et, l'année suivante, on en comptait 4.000 de plus. Il fallut organiser promptement les secours. Ce fut l'évêque de Saint-Pol-de-Léon, Mgr de la Marche, qui s'en chargea, secondé par Mme Dorothée Silburn. Ils sollicitèrent la charité anglaise, centralisèrent les aumônes, en distribuèrent une part, et consacrèrent le reste à la fondation et à l'entretien d'œuvres d'assistance.

Dès le début, l'argent afflua. A partir de 1793, et pendant toute la durée de l'exil, le Parlement vota chaque année un crédit destiné à secourir les émigrés. Des souscriptions particulières furent ouvertes ; celle de Burke produisit 84.000 francs ; une autre produisit plus d'un million. Le roi Georges III, le duc et la duchesse de Buckingham, lord Arundell, Metcalfe, Stanley, Vilmot se signalèrent par leur dévouement. Pendant douze ans, on recueillit et on dépensa environ quatre millions par an. La guerre qui éclata, le 1er février 1793, entre la France et l'Angleterre, n'empêcha pas la charité de se manifester ; on imposa seulement aux ecclésiastiques l'obligation de se rapprocher de Londres, et d'habiter dans un rayon de cinquante milles autour de cette capitale ; beaucoup même, sur la sollicitation de leurs hôtes, obtinrent la faveur de demeurer où ils étaient.

Outre des dons importants qu'il fit au comité, le roi mit à sa disposition son château de Winchester, où 750 prêtres vinrent se refugier. A Forton, près de Portsmouth, se trouvait déjà une autre communauté de 263 prêtres, qui, plus tard, furent dirigés sur Winchester. Là, l'existence était réglée comme dans un séminaire. Le supérieur, nommé à l'élection, était un eudiste, l'abbé Martin, ancien supérieur du séminaire de Lisieux. Les exercices, méditation, récitation du bréviaire, prière du soir, se faisaient en commun, dans deux chapelles pouvant contenir chacune 450 personnes. L'adoration perpétuelle fut instituée. Tous les jours, des eudistes faisaient des conférences sur la théologie et sur l'Ecriture Sainte ; le travail manuel achevait de remplir la journée.

Mais tous les prêtres ne pouvaient pas vivre en commun, et le plus grand nombre vécurent isolément ou par petits groupes. Quand ils débarquaient en Angleterre, ils rencontraient, dès leur arrivée, des citoyens qui leur offraient de l'argent, et se mettaient à leur disposition pour leur épargner les ennuis et les embarras que cause toujours le début d'un séjour en pays étranger. Ils les conduisaient au comité présidé par Mgr de la Marche ; ce comité distribuait à chaque évêque qui sollicitait des secours, 250 francs par mois ; à chaque prêtre, 50 francs par mois. Une fois munis de ces premières ressources, les ecclésiastiques cherchaient du travail. Les uns devenaient professeurs de français, de latin, de mathématiques, etc... ; d'autres tenaient les écritures dans des maisons de commerce ; les métiers manuels ne les effrayaient pas. Le duc de Buckingham avait fait installer une brasserie à Winchester, et y avait envoyé aussi des outils de jardinage, tandis que la duchesse y montait des ateliers de broderie et de tapisserie, ainsi qu'une fabrique de gants ; en même temps, elle en achetait les produits ou se chargeait de les placer à un prix rémunérateur. Certains se mirent à cultiver les champs ; il y en eut qui fabriquèrent des chaussons, des galoches, des matelas, ou qui firent des éventails, des colliers, des bracelets, des cure-dents ; d'autres se livrèrent au commerce des livres, et se créèrent des ressources en achetant et en revendant des bibliothèques ; un vicaire-général de Rouen s'était fait courtier en logements garnis. En un mot, chacun rivalisa de zèle pour ne pas augmenter les charges du comité, qui devait faire face aux dépenses nécessitées par la nourriture et l'entretien de plus de 10.000 individus.

On devine bien que, dans une si grande foule, les malheureux ne manquèrent pas. La vie était chère en Angleterre, à Londres surtout. Le prix des denrées s'y était élevé en même temps que s'accroissait le nombre des émigrés ; le pain avait monté de 13 à 27 sols les quatre livres ; les autres aliments, ainsi que le charbon, le loyer, le blanchissage, avaient augmenté dans les mêmes proportions ; et, plus d'une fois, nos compatriotes se demandèrent où ils trouveraient de quoi manger et de quoi se vêtir convenablement. Chateaubriand, les rencontrant dans les rues de Londres, les reconnaissait non seulement à leur manière de marcher, à leur petit collet et à leur chapeau à trois cornes, mais aussi à la vétusté de leurs habits et à leur redingote usée.

Néanmoins, ils excitèrent l'admiration de l'Angleterre par leur vie de travail, par leurs vertus et leur constance dans les épreuves. Le ministre Pitt, du haut de la tribune du Parlement, remerciait la Providence d'avoir dirigé vers l'Angleterre le courant d'émigration des prêtres catholiques ; un autre député, Burke, faisait, en pleine séance, le plus vibrant éloge du clergé exilé, et excitait ses compatriotes à leur donner une large hospitalité. Les prélats anglicans exaltaient les mérites de ceux qui s'étaient condamnés à la pauvreté et à l'exil pour obéir à la voix de leur conscience ; l'université d'Oxford faisait tirer à 4.000 exemplaires une édition du Nouveau-Testament, pour en faire la distribution aux proscrits. Tandis que, dans les autres pays, la prédication et l'administration des sacrements étaient presque toujours interdites aux prêtres exilés, l'évêque catholique de Londres leur donna tous les pouvoirs ; ils purent non seulement prêcher et remplir les autres obligations du ministère paroissial, mais encore ouvrir des écoles et des orphelinats, et fonder toutes les œuvres qu'ils voulurent ; et non seulement le gouvernement ne mit aucun obstacle à la célébration des cérémonies religieuses, mais encore il les encouragea et se plut à en constater la solennité.

M. V. Pierre s'est demandé pourquoi, dans ce pays de schisme, et où, depuis deux siècles, le catholicisme était battu en brèche, nos prêtres purent jouir d'une si large indépendance ; et il a noté trois faits importants : 1° le clergé catholique anglais, dès le XVIe siècle, avait cherché un refuge en France, où il avait été fort bien accueilli. L'Angleterre tint à honneur de montrer à nos compatriotes qu'elle savait, même après deux siècles écoulés, se souvenir d'un bienfait ; et elle leur témoigna magnifiquement sa reconnaissance. — 2° Le 25 mai 1778, un bill, autorisant les catholiques anglais à fonder des écoles, à hériter et à acheter des terres, avait acheminé ce pays vers une plus grande liberté. — 3° Le 10 juin 1791, ce mouvement s'était accentué par la promulgation d'un nouveau bill, donnant aux catholiques droit de prédication, d'ordination et de nomination aux évêchés et cures. Les idées de tolérance avaient donc fait de grands progrès ; et la Providence avait ainsi préparé l'Angleterre à bien remplir sa noble mission d'hospitalité.

Une conséquence inattendue de l'exil des prêtres français en Angleterre, fut la rentrée, dans leur pays, de tous les prêtres et religieux anglais que la Réforme en avait expulsés. Ils s'étaient réfugiés en France, en Belgique, aux Pays-Bas. A la suite des prêtres français, les Carmes, les Dominicains, les Jésuites, les Bénédictins, les Augustines, les Carmélites, les Sépulchrines, les Dominicaines, les Franciscaines revinrent dans leur patrie, où ils furent bien accueillis ; et ainsi, comme le dit encore M. V. Pierre, ceux qu'avait chassés la Réforme furent ramenés par la Révolution.

Seul le bas peuple se montra mal disposé pour les exilés. Les pauvres ne cachaient pas l'irritation que leur causait la présence de tous ces étrangers. Tous les secours allaient à eux ; et les indigènes nécessiteux s'estimaient frustrés de tout l'argent perçu par le comité. Des prêtres furent souvent victimes de la brutalité de gens sans éducation, qui ne reculaient pas devant les plus grossières injures et les voies de fait pour leur témoigner leur hostilité; mais la dignité de vie, la douceur chrétienne, le courage et la piété du clergé français finirent par vaincre peu à peu les préjugés populaires; et on vit alors des paysans et des artisans consacrer au soulagement des réfugiés une partie de leur salaire. C'est un grand devoir, pour le clergé français, de ne jamais oublier la dette de reconnaissance qu'il a contractée envers l'Angleterre, le jour où 11.000 de ses membres, chassés de leur patrie, y reçurent, et cela pendant l'espace de dix ans, la plus généreuse et la plus cordiale hospitalité.

C'est surtout à partir de 1796, que commencèrent à se manifester les résultats de l'apostolat discret exercé en Angleterre par les proscrits. A cette époque, ils s'étaient assez perfectionnés dans la langue anglaise pour pouvoir prêcher plus souvent et plus utilement, et ouvrir des écoles et des hospices. L'église de King's Street, aujourd'hui chapelle de l'ambassade française, fut alors construite, solennellement consacrée, et c'est un prêtre de Saint-Sulpice, l'abbé Bourret, qui en fut le premier curé. Bref, on peut dire que le séjour du clergé français en Angleterre eut, comme conséquence, d'y faire connaître et apprécier la foi catholique, et qu'il contribua puissamment à déterminer les nombreuses conversions qui, depuis un siècle, ramènent à la religion romaine beaucoup d'Anglais, appartenant surtout aux classes élevées de la nation.

***

Les autres peuples de l'Europe, le Portugal, l'Autriche, la Suède, le Danemark, la Russie virent aussi arriver chez eux des ecclésiastiques français. Mais l'émigration n'y fut pas considérable ; et, en général, ceux qui portèrent leurs pas vers ces régions lointaines y furent attirés par les relations qu'ils y avaient nouées en des temps plus prospères. Partout où ils passèrent, ils laissèrent le durable souvenir de leurs vertus. On conserve, dans les archives du Vatican, les lettres pastorales de 105 archevêques ou évêques, qui font l'éloge du clergé exilé, et le recommandent à la sollicitude de leurs diocésains. Ils sont unanimes à proclamer que les proscrits souffrent persécution en haine de la religion, et qu'ils la supportent avec une admirable énergie et un grand esprit de foi. En Portugal, ils eurent particulièrement à se louer de l'évêque de Coimbre; et l'archevêque de Braga leur témoigna une charité comparable à celle de l'évêque d'Orense. En Hongrie, l'archevêque de Colocza les accueillit avec générosité, et les chargea d'assister les prisonniers français détenus dans plusieurs forteresses de ce pays. L'archevêque de Vienne déclara qu'il tenait en très haute estime tous ceux qu'il avait vus, et qu'il les assimilait aux premiers martyrs de la religion chrétienne. En Russie, plusieurs entrèrent, comme précepteurs, dans de grandes familles ; l'abbé Nicole dirigea des collèges à Saint-Pétersbourg et à Odessa, et appela à côté de lui, en qualité de professeurs, d'autres ecclésiastiques français. Enfin des prêtres de Saint-Sulpice, envoyés par M. Emery avec le consentement du gouvernement anglais, MM. Jaoüen, Houdet et Roques allèrent exercer leur ministère parmi les populations catholiques du Canada, pendant que MM. Nagot, Flaget, Babad et Dubourg évangélisaient les Etats-Unis et fondaient le séminaire de Baltimore.

*
* *

Pendant tout le temps que durèrent la déportation et l'exil, des prêtres courageux restèrent en France pour y continuer, à travers mille dangers leur apostolat auprès des fidèles. D'autres ne supportèrent pas l'éloignement en pays étranger; ils repassèrent la frontière, et s'exposèrent à la mort pour venir reprendre leur poste de combat. Beaucoup de ces héros payèrent de leur vie leur fidélité au devoir, et versèrent leur sang pour la cause de la religion ; mais d'autres, en se cachant sous les déguisements les plus divers, échappèrent à la rigoureuse surveillance et à la cruauté de leurs ennemis, et entretinrent la foi dans le cœur des peuples. Ils furent vénérés, comme des confesseurs et des saints, par les chrétiens qui se dévouèrent souvent pour les protéger, leur donner asile et les arracher à la mort. Quand la loi du 11 prairial (30 mai 1795) rendit la jouissance des églises aux ecclésiastiques qui prêteraient le serment de soumission aux lois de la République, on vit des prêtres, sur le conseil de l'abbé Emery, prendre cet engagement, et, par ce moyen, rentrer en possession des églises où ils recommencèrent la célébration publique du culte. Mais la plupart des fidèles n'approuvèrent pas cette conduite, et ils continuèrent de venir en foule dans les oratoires particuliers où les insermentés disaient la messe et administraient les sacrements. De même, les fidèles poussèrent leurs pasteurs à braver la loi du 7 vendémiaire an IV, qui, confirmant celle du 11 prairial, punissait de peines correctionnelles, et, en cas de récidive, frappait de dix ans de gêne et même de bannissement tout prêtre qui n'aurait pas signé la formule dite de soumission. Cette attitude noblement intransigeante des catholiques français méritait de trouver sa récompense dans le dévouement et l'héroïsme de leur clergé. Aussi ne furent-ils jamais complètement privés des secours de la religion et purent-ils échapper, sinon à la persécution et parfois au découragement, du moins au naufrage de la foi et à l'apostasie.

Le 7 fructidor an V, les lois de déportation et de bannissement contre les prêtres insermentés et contre ceux qui leur donnaient asile avaient été abrogées. Mais l'exil, momentanément interrompu, recommença après le 18 fructidor ; et nos malheureux prêtres durent recourir de nouveau à la charité de l'étranger, et lui demander un abri et un morceau de pain. Les caravanes se reformèrent, et reprirent le chemin qu'elles avaient déjà une fois parcouru. On revit le triste spectacle de prêtres se traînant péniblement sur les routes, dénués de forces autant que de ressources, exposés à mille hasards, allant tout droit devant eux, sans savoir le matin où ils coucheraient le soir. La mort dans l'âme, ils regagnèrent pour la plupart le pays où, une première fois, ils avaient reçu l'hospitalité, sans cependant désespérer de cette France, qui traitait si durement les meilleurs de ses enfants.

Ils avaient raison. Sans doute des désordres se commirent encore après le 18 brumaire, et même le sang coula de nouveau sous le Consulat. Mais, peu à peu, les prêtres revinrent d'exil, prudemment d'abord, se cachant et ne se faisant reconnaître que des gens sûrs, qui étaient restés fidèles à leur foi pendant la tourmente révolutionnaire ; puis profitant de toutes les circonstances pour reconquérir leur place dans la société ; finissant par rentrer dans leurs églises transformées en greniers à fourrage, en prisons, en salles de bal ; et y procédant, avec une joie intense, à la restauration du culte.

Après les prêtres, rentrèrent les évêques, malgré les instances des royalistes, qui, en haine de Bonaparte, voulaient les retenir à l'étranger. Louis XVIII lui-même leur défendit de prêter le serment de fidélité à la Constitution ; et cette défense retarda le retour d'un grand nombre de prélats. Mais leur obstination ne fut pas de longue durée ; les archevêques d'Aix, de Bordeaux, de Toulouse, d'Auch ; les évêques de Troyes, de Saint-Papoul, de Saint-Malo, de Luçon, d'Amiens, de Senlis, se soumirent à la condition imposée par Bonaparte ; et, dès lors, le mouvement s'accentua : « Il n'existe plus aujourd'hui de persécution en France, proclamait l'archevêque de Bordeaux ; et le retour des pasteurs à leur poste est un devoir. » Le Concordat acheva l'œuvre de pacification ; et l'on peut dire que, dans le courant de l'année 1802, s'acheva la rentrée en France du clergé proscrit.

Un jour viendra peut-être où l'Eglise mettra sur les autels ceux qui, pendant la Révolution, ont versé leur sang pour la cause de Jésus-Christ. Les catholiques français appellent ce jour de tous leurs vœux. Quant à ceux qui n'ont pas péri de mort violente, mais qui, fermes dans leur foi et dans l'amour de Dieu, ont souffert les supplices de la déportation et de l'exil pour n'avoir pas fléchi le genou devant l'Impiété et avoir résisté aux décrets funestes et sacrilèges dont elle fut l'auteur, S. Cyprien, commentant une parole de l'Apocalypse, les proclame dignes de l'auréole céleste (1). Gardons pieusement leur souvenir, et apprenons d'eux notre devoir.

(1) *Vivere omnes dicit et regnare cum Christo, non tantum qui occisi fuerint, sed et quicumque, in fidei suæ firmitate et Dei timore perstantes, imaginem Bestiæ non adoraverint, neque ad funesta ejus et sacrilega edicta consenserint* (S. Cypr. *Epist. ad Fortunatum de exhortatione martyrii cap.* XII, *in fine.*)

TABLE DES MATIÈRES

—

FIN DE LA TABLE

Saint-Amand (Cher). — Imprimerie BUSSIÈRE

www.ingramcontent.com/pod-product-compliance
Lightning Source LLC
LaVergne TN
LVHW010036230826
846091LV00005B/1736

9782013433808